任何一个伟大的企业，
对待成就永远都要战战兢兢，
如履薄冰。

企业危机的生存挑战

淳光福◎编著

吉林文史出版社

图书在版编目（CIP）数据

企业危机的生存挑战 / 淳光福编著. -- 长春 : 吉林文史出版社, 2017.4

ISBN 978-7-5472-4021-2

Ⅰ. ①企… Ⅱ. ①淳… Ⅲ. ①企业危机—研究 Ⅳ. ①F272

中国版本图书馆CIP数据核字(2017)第088622号

企业危机的生存挑战

QIYE WEIJI DE SHENGCUN TIAOZHAN

编　　著：淳光福

责任编辑：程　明　　张城伟

封面设计：浩　天

出版发行：吉林文史出版社

电　　话：0431-86037509

地　　址：长春市人民大街4646号

邮　　编：130021

网　　址：www.jlws.con.cn

印　　刷：三河市天润建兴印务有限公司

开　　本：720mm×1000mm　1/16

印　　张：18

字　　数：200千字

版　　次：2017年7月第1版

印　　次：2018年5月第2次印刷

书　　号：ISBN 978-7-5472-4021-2

定　　价：49.80元

前 言

在市场经济的浪潮中，任何一个企业随时随地都有可能出现危机，所谓“突然”发生，那是因为企业对危机缺乏必要的认识。企业的生产经营活动不可避免地会遇到一些问题。如果危机处理不当，就会使企业多年辛苦建立起来的良好形象化为乌有。树立危机意识，防患于未然，是现代企业应该加以重视的一个问题。

企业不论规模大小、业务经营规模或行业类别如何，每天都会面临各种不同危机发生的可能，一旦发生危机，倘若无法妥善地处理，不仅会为企业带来财务损失，进一步会影响社会大众及消费者的权益与生命财产安全，连带地将破坏企业的形象，甚至撼动企业经营的基础。

老百姓有一句话说得非常好：“我们还要活下去！”企业也是一样，无论面临怎样艰难的环境，企业都要有活下去的决心。

当今的社会是一个竞争的社会，不论是企业，还是员工压力都明显增大，其心理、身体上都出现了不适反应，如记忆力下降、失眠、焦虑、烦躁等。但结果他们还是勇敢地活下去。

所以说，无论是企业还是员工，他们共同的感受就是要在这个竞争的社会活下去!

有这样一句话："在职场上，坚持是赢，死扛是金。"我觉得用在企业生存之道上也是同样的道理，坚持到底就是胜利。

那么，企业如何改变生存环境而"自救"呢？我们要有这样的认识，如果将老板比作是船，那么员工就是帆；如果将老板比作是船长，那么员工就是水手。这个非常浅显的比喻揭示了在企业中，老板与员工其实存在着同舟共济、共担风雨的密切关系。而当更多的企业老板或企业家睁开像"鹰"一样的眼睛俯瞰诸多企业众生相时，会很轻易地发现一个惊人的问题：许多企业的员工并不忠实于老板，更没有忠诚于企业，更不用说让员工与企业共同发展，共同赢利了！"

当企业危机四伏、遭遇到较大风险与困难时，员工可能不愿意在企业继续浪费宝贵的时间。为了生存，他们需要寻找新的出路。所以，老板只有树立起员工的信心，培养起他们的责任感，他们才会与企业一起共渡难关。

目 录

第一章 职场危机

第二章 企业危机

第三章 良好的工作氛围

第四章 轻松的工作状态

第五章 做最优秀的员工

第一章
职场危机

危机意识

任何人都会面临职业危机，即使公司董事长、总经理也有被别人取代的可能。整体而言，或许某一行业是朝阳产业，但大多数从业者都知道，任何行业都会有被淘汰者。因此，只有时刻具有危机意识，才能获得职业生涯的可持续发展。

其实，职业挫折是人们从事职业活动方面和个人职业生涯发展过程中的需求不能满足、行动受到阻碍、目标未能达到的失落性状态。例如一个人要谋求某个职位但却屡屡不能得到；要想晋升部门经理却一直不能如愿；要想发挥才能却没有条件、无人识才；经过大量努力、做了大量工作，却由于主客观原因不能达到而陷于失败。

从狭义的角度看，职业挫折也可以说是工作挫折，从根本上来说，则是对人的职业生涯的影响。职业挫折是人的社会实践客观存在，是职业生涯中相当常见的现象。挫折本身当然不是好事，但生涯成功、人生辉煌的“好事多磨”恰恰“磨”在这些挫折上。分析职业挫折，是要使人能够理性地认识挫折、正确地应对挫折、减少挫折发生的频率、降低挫折这种“磨难”对人的伤害程度。所以，换一个角度来看，挫折也会“磨炼”人、造就人、缔造人们职业生涯的辉煌。

产生职业危机的原因主要有三方面：第一个方面是工作中的失败情境。第二个方面是员工本人的主观因素；三是员工所在企业的组织因素。

对于第一个方面来说，工作中的失败情境是员工在完成工作任务的过程中，因为各种原因使目标达成受到阻隔的情境，这是造成职业挫折的外在因素，如：保险业务员推销保险被拒绝，餐厅服务员被顾客发难等。

同样的失败情绪，不同的员工体验到的挫折感是不同的，在这一点上存在着明显的个体差异。这就说明，员工职业挫折感的产生，工作中的失败情境仅仅是客观因素，能否产生明显的挫折感，产生多大强度的挫折感，这都取决于员工本人的主观心理状态。此外，员工的归因方式也是影响挫折感的重要因素：如果员工将挫折情境进行外部归因（失败是由于客观因素或他人的原因造成的），那挫折感将大大减轻，而员工将挫折情境进行内部归因（失败是因为自己能力等原因造成的），那将产生强烈的挫折感。

对于第二个方面来说，工作过于单调，就会使员工产生情绪低落，从而使员工对工作提不起兴趣。不久前的一次统计调查显示，80%的职场人最少每3个月就会处于一次所谓的“3、6、9症候群”。这表明职场人与运动员一样，在残酷的职场竞争中经常情绪低落。

而且情绪低落的人有44%左右“想辞职”，除此之外“丧失业务欲望”（30%）、“注意力下降”（19%）、“业务成果下降”（6%）等都是具有代表性的情绪低落后遗症。像这样的职场人所经历的情绪低落现象，与“周一综合征”或者“休假综合征”一样，有可能只是一时的现象。每个人面对这种空虚感和情绪低落的表现方式不尽相同，不过大致的情形如下：

1. 每天都觉得很忧郁；

2. 每天都感觉无聊；

3. 对公司、公事不感兴趣；

4. 无心工作。

对于第三方面来说，组织因素也是造成员工职业挫折感的重要原因，如组织管理方式、组织内的人际关系、工作的性质等。在组织中，如果人与组织不相匹配，组织内部的管理制度（如薪酬、晋升、奖励制度等）不合理、不公正以及领导者的管理方式出现问题，劳动环境过差，组织内部人际关系不良，工作中的非人性化待遇（如工作过于单调乏味、工作时间过长、劳动强度过大、报酬过低等非正常压力），都会引起人的挫折情绪。下面案例中的小王，由于工作岗位的变动遇到了挫折，我们来看一下他是怎么应对的？

小王是一家名牌大学信息工程专业的高才生，他毕业后，就进入了北京一家知名公司工作，不久，他就被提升为项目负责人，后因业绩出色，不久就被一家跨国企业挖走，年薪上百万元。如今，才28岁的他，可以说是“青年得志”，面对这样的大好前程，本不应该有职业困惑，可他现在却充满了焦虑和疑惑。

他谈到了目前的不顺心，做了4年多技术工作之后，如今在新公司中担任部门经理，开始从事管理工作，觉得难以适应。原先只需要管好自己，按时完成任务就行了。而现在，他每天都卷入事务性的旋涡中：“原来只和机器打交道，现在我每天开会，向领导汇报工作，给员工布置任务，与其他部门协调……忙得团团转。”最让小王感到难受的是，给领导的报表总因不符合要求被退回来。“我真怀疑自己压根儿就只能做技术，不能成为管理者。”小王在说这句话的时候，眉头紧锁，一脸无奈。

从小王的经历来看，我们可以这样认为，当一个人为能不能获得一份工作而操心时，我们就正遭遇职业危机；当为自己的工作得不到成就感，在相对稳定的工作环境里不知何去何从时，我们就处于职业危机中。2003年初，针对跨国公司的高层进行过这样一项调查：如果他们可以在一夜之间将公司中的所有“无用”的员工都裁掉，那么他们会裁掉多少？结果表明，这一比例在60～90。

这么高的比例意味着什么？现在还有人觉得自己在行业或企业里扮演着举足重轻、不可替代的角色吗？对于职业，你还从未有过危机感吗？

有些员工可能为一时的荣耀而故步自封，殊不知，在高速发展的社会环境里，今天你还是老板跟前的“红人”，明天你就有可能要加入到求职大军的行列里去了。职场的成功，不在于我们过去曾经取得了多么令人羡慕的成绩，而在于我们是否能够获得职业生涯的可持续发展。而职业生涯的持续发展，靠的是我们的职场竞争力。

因此，作为员工，应当有一种职业危机感，不断加强自我“修炼”，与时俱进，如此，才不至于淹没于失业的大潮中。

培养职业竞争力

竞争是自然界的一个普遍规律，它也存在于职场之中。因为只有竞争才能使行业进步，只有出现危机，我们才会迫使自己进步，以适应大环境的前进步伐。

有一篇叫作《李开复离开Google给中国职业经理人什么启示》的文章，文章这样写道：

上周参加中国CEO年会，同时被邀请的嘉宾还有新华都总裁的唐骏。唐骏年纪轻轻，号称是'中国最牛的打工皇帝'，不知羡煞了多少年轻朋友，唐骏是微软第一任的本土总裁，离开微软后，投身网络游戏大王盛大，而后不到两年又以惊人的转会费加盟新华都，离开外商之后，仕途一帆风顺。

很巧，在由北京回台北的航班报纸上看到斗大的新闻，Google公司宣布，李开复辞去Google中国区总裁。李开复也同时宣布将自行创业，募资人民币8亿成立创新工厂，类似风险投资行业，专门投资年轻朋友的创新事业。

这位深受中国大学生羡慕与爱戴的打工皇帝，突然离开Google，一定让许多大学生与中国职业经理人感到十分惊奇！

记得李开复宣布以千万美金的年薪跳槽到Google的时候，也曾经在中国的传媒闹得沸沸扬扬，曾经有人对李开复跳槽事件做出评论，李开复给年轻人做了不好的示范，因为他未信守与微软的任用合约，跳槽到与微软直接竞争对手Google，违背了与老东家微软竞业禁止的约定，这对一位高阶经理人而言，是个诚信的大问题！ 为此，还与他的老东家微软对簿公堂，最后双方以秘密和解收场。

其实李开复加入Google的第一天，有一些评论家认为他离开Google只是时间问题，一方面他背负着诚信的问题与官司，另一方面是与百度的强劲竞争。.

他接任 Google 4年，不但未能拉开与百度之占有率差距，还呈现出小幅衰退的态势，离开Google真的只是时间的问题，所有在外商服务过的高阶经理人，其实都心里有数。

李开复由微软到Google最后选择投身风险投资事业，与本文开头提到的唐俊的职业生涯，这似乎是这些外商IT业高级打工仔的职业之路。

为什么这些外商的高阶职业经理人频繁地换手？这除了是外商公司有一套高阶经理人的任期制之外，其实主要是这些外商在中国是以过客的心态经营中国市场，每年要求这些职业经理人业绩必须成长至少30%，如果连续几个季度做不到目标，就只好说再见。你说这些外商太现实没有人性，但是这些外企也给予他们超乎想象的报酬。外商在中国的用人政策是高目标、高薪资，一旦无法达到目标，走人是唯一的一条路，惠普、微软、IBM、Google等知名外商无一例外。可是由于外商给的薪水实在高得诱人，所以前仆后继想要投身外商的年轻人也多如牛毛。

如果你仔细观察，其实自己身边也有许多朋友也都经历过这种外商的Career模式，也了解许多在外商上班的职业经理人的心理感受，那种随时准备走人的状态，的确让人难以忍受，但又碍于外商给予的优厚待遇，所以即便是离开这家外商之后，也会有猎头公司介绍到另一家外商，薪资还有大幅成长。许多高阶经理人就这样在外商圈子里打转，直到所有外商都转过之后，不是提早退休，便是投入风险投资产业。

坦白说，这些所谓的高级的打工皇帝们，其实对于风投产业并不那么在行，他们是否真能胜任风投产业，还值得怀疑。

在全球金融危机爆发的时候，一位企业的高层讲到了自己的经历，他说，猎头公司推荐许多在知名外商上班的优秀职业经理人给我公司，他们都有转行到本土企业任职的意愿，这种情况在过去十年是十分少见的现象。

从外商转台到本土企业任职，除了有些人士看透了这种外商公司之用人政策之外，我猜想这与这一波全球金融危机，各外商普遍业绩下滑30%~40%，外商企业也纷纷裁员或减薪有关联。

也就是说，这一波全球经济不景气，许多外商都释放出优秀的职业经理人，这是中国本土企业选用优秀人才的大好机会。

这些在外商服务多年的职业经理人，他们都有显赫的国内或国外学历，能说一口流利的外语，受过完整的职业与管理训练，充满自信，如果这些优秀的外商公司训练出来的人才，能够投身到本土企业，则无疑将使本土企业的经营管理提升一个台阶，对于企业向国际化迈进也会有很好的促进作用，对中国的企业发展大有裨益。

台湾在20世纪90年代也曾有一批在外企受过良好训练的职业经理人，投身本土企业发展，如台积电、台达、研华等企业，或选择自行创业，因而促成了台湾电子产业的蓬勃发展，使台湾地区成为全球的计算机王国，类似这样的现象应该很快会在中国发生。

不过目前看来，这些外商的职业经理人转到本土企业服务的风气还尚未形成。一份来自Russell Reynolds Associates的调研报告更揭示了另外一个严峻的现实，在过去多年中，有相当一批外商经理人，在加入本土企业后6个月甚至更短的时间内选择离开，生存率不高于50%。这是不是也给在职场中打拼的人以警示。

分析一下，如此之高的竞争力主要原因有三：

一是本土企业能够提供的薪资水平大不如外商公司，阻碍了这些外企职业经理人加盟的意愿。

二是本土的企业文化与外企的企业文化大不相同，在外商服务多年的职业经理人，无法适应本土企业的文化与价值观。

三是老板的管理风格也影响了这些外企职业经理人服务本土企业的意愿，因为在外商你的上三级老板与你一样，都是职业经理人，可是在本土企业，你的老板很可能就是创办人，创业家与职业经理人的管理风格是截然不同的。

如何在企业和人才之间找到一个合适的基点，对于本土企业老板来说，将是一个新的课题，如何调适自己的心态，也是想有更快提升员工，必须要深思的问题。

优秀人才回归本土企业，将加速推动社会企业发展，更是人才自身价值的进一步实现，是必然趋势。因此在职场中挣扎的员工，与其被缚住手脚，终日为“数字目标”而提心吊胆地工作，不如勇敢地加入一家具有良好的经营理念、有未来发展前景的企业，寻找自己的事业平台。

请注意前苹果计算机执行长约翰·斯卡利讲过的一段话，他说当初让他决定离开百事可乐总裁的位子加盟苹果计算机，是因为当时苹果计算机董事会的一句话打动了他：“你想要继续在那里卖一辈子的糖水，还是要与我们一起改变世界？”

面对同样的竞争，为什么有的企业成为过眼烟云，而有的企业却能生存下来，甚至上升为实力雄厚的大企业呢？关键就在于生存下来的企业和它的员工都具有很强的竞争意识和较强的竞争力。这是企业管理者必须要注意的问题。

其实，只要关注一下竞争对手的工作情况，看看他们是怎样努力提高自已以避免失业的。这样，我们就会有紧迫感，就会绷紧神经、早做准备、多做准备，以免等到危机真的降临时手忙脚乱、不知所措。

面对危机，小心谨慎

缺乏职业危机意识的明显表现之一就是办事拖拉、效率低下。许多人之所以失败，往往是因为他们马虎大意、鲁莽轻率。尤其是危机到来的时候，更容易乱了阵脚。

泥瓦工和木匠可能靠半生不熟的技术建造房屋，砖块和木料拼凑成的建筑有些在尚未售出之前，就已经在暴风雨中坍塌了。在宾夕法尼亚州的一个小镇上，曾经因为筑堤工程质量要求不严格，石基建设和设计不符，结果导致许多居民死于非命——堤岸溃决，全镇都被淹没。医生因为没有花时间和精力好好做准备，结果做起手术来手忙脚乱，把病人的生命当儿戏。一些律师只顾死记法律条文，不注意在实践中培养自己的能力，真正处理起案件来也难以应付自如，白白花费当事人的金钱……建筑时小小的误差，可以使整幢建筑物倒塌；不经意抛在地上的烟蒂，可以使整幢房屋甚至整个村庄化为灰烬。因为事故致人残废——木装的脚、无臂的衣袖、无父无母的家庭都是人们粗心、鲁莽与种种恶习造成的结果。世界上每年因为“不小心”所造成的生命的丧失、身体的伤害和财产的损失，有谁能统计得清楚呢？由于工作上的疏忽、敷衍、偷懒、轻率而造成的可怕惨剧在人类历史上无时无刻不在发生。

许多员工做事不精益求精，只求差不多。尽管从表面看来，他们也很努力、很敬业，但结果总无法令人满意。那些需要众多人手的企业经营者，有时候会因员工无法或不愿意专心去做一件事而无奈。懒懒散散、漠不关心、马马虎虎的做事态度似乎已经变成常态，除非苦口婆心、威逼利诱；或者，奇迹出现，否则，没有人能一丝不苟把事情办好。这些人在学生时代就养成了马马虎虎、心不在焉、懒懒散散的坏习惯。他们习惯于使用一些小伎俩，譬如用抄袭、作弊等手段来欺骗老师，蒙混过关。而当他们踏入社会后，就不可能出色地完成任务。外出办事总是迟到，人们就会拒绝与他合作；与人约会总是延误，别人会大失所望；办事时缺乏条理和周密性，思维一片紊乱，别人就会丧失对他的信任。更重要的是，一旦染上这种恶习，一个人就会变得不诚实，遭到他人的轻视——不仅轻视他的工作，而且会轻视他的为人。既然粗心、马虎、大意会带来如此之多的不利影响，我们就可以想象危机中的不小心将会带来怎样的结果，可能还会使本来就糟糕的事情雪上加霜。

如果让那些在危机中还马虎大意的人工作的时候，其恶习也必定会传染给下属——看到上司是一个马马虎虎的人，员工们就往往会竞相效仿，放松对自己的要求。这样一来，每个人的缺陷和弱点就会渗透到公司，影响整个事业的发展。这样，还有可能加重危机。芝加哥因工作马虎造成的损失，每天至少有100万美元。该城市的一位商人曾说，他必须派遣大量的稽查员，去各分公司检查，尽可能地制止各种马虎行为。在许多员工眼里有些事情简直是微不足道，但积少成多，积小成大，一些不值得一提的小事很可能就会影响他们在老板心目中的形象，影响他们的晋升。

这些都是职场中人应该注意的问题。危机不可怕，“危”过去了就可能是“机会”，在危机中，如果你能小心谨慎，应对自如，你也有可能成为下一个职场红人。

面对危机，不能拖延

有些员工在上司把工作交代下去很久，到了预定时间还总是没有办法完成，而且总是一拖再拖。有为数不少的员工喜欢把工作放到最后期限到来之前再做，于是，由于赶工，工作质量便无法保证。如果这种拖延的习气带到危机到来的时候，也有可能造成不可挽回的后果。

有的员工缺乏时间观念，对待工作总是延迟或半途而废，而且老是开会迟到或错过重要会议。如果要他们购买东西或收集信息，他们一般都需要被提醒很多次，结果还会出错或收集一些缺乏时效性的“废料”。

“等一会儿再做，我现在正忙着呢”，这是我们经常听到的拖延的借口。其实，有些员工在说这些话时，手头上正干着无关紧要的事情，如打电话聊天、上网娱乐，或打游戏。有些员工已经让“办事拖拉”成为自己习以为常的工作方式了。因此，他们总是明日复明日，结果终身碌碌无为。

一个资历浅但有效率的员工往往比一个资历深但拖延成性的员工更容易获得领导的信赖和倚重。办事拖拉不是无伤大局的习惯，而是足以让我们在危机中工作失利、抱负落空的“敌人”。

成功学创始人拿破仑·希尔说：“生活如同一盘棋，你的对手是时间，假如你行动前犹豫不决，或拖延行动，你将因时间过长而痛失良机，你的对手是不容许你犹豫不决的！”拖延是行动的死敌，也是成功的死敌。拖延使我们所有的美好理想变成幻想，拖延使我们丢失今天而永远生活在“明天”的等待之中，拖延的恶性循环使我们养成懒惰的习性、犹豫矛盾的心态，这样就成为一个永远只知抱怨叹息的落伍者、失败者、潦倒者。

拖延是这样的可恶，然而却又这样的普遍，原因在哪里？信心不足、心态消极、目标不明确、计划不具体、策略方法不够多、知识不足、过于追求十全十美，这些都是原因。作为一名优秀的职员，就应该摒弃拖延的毛病，在工作的过程中养成立即行动、动手去做的习惯，而不应该为自己制造借口，有意拖延自己的工作。否则，当危机不期而至，你若不能灵活应对，可能会给企业带来很大的损失。

费拉尔是一名保险推销员，他最大的快乐是带着钓竿和猎枪到丛林深处钓鱼打猎，几天后，再心满意足地带着一身的疲惫和泥泞回家。但是，令他感到困扰的是，这项爱好占据了他太多的时间。有一天，他从外面归来，回到工作岗位上时，突然产生了一个十分奇异的想法："自己可以在荒野之中开展业务。因为铁路公司的员工正居住在铁路的沿线，同时荒野中还散居着许许多多的猎人和矿工，这都是潜在的客户"。这样一来，他便可以在外面狩猎中，兼顾自己的工作。接着，他开始着手计划，打点行李，进行行动前的准备工作，以免被犹豫和拖延影响了自己的心态，导致自己最终放弃这项奇异的计划。一切都准备好了之后，他便沿着铁路线开始工作。那些与世隔绝的人们对他的态度十分友善和热情，他的工作因此开展得十分顺利。在和他们的接触之中，费拉尔与他们建立起了深厚的友谊。他教他们一些生活中的小手艺，给他们讲外面世界中的传奇故事。因此，他经常成为他们店中的尊贵宾客。在短短的一年中，他的业绩突破了百万美元。

"立即去做"，这本身就是一个良好的开端，它会带动我们更容易地去做更多的事情。尤其是深陷危机的时候，还有可能转败为胜。当然，为了更好地去做，我们可以分割目标，设定期限，并且及时检查督促自己的进展。还要知道，"疲劳"往往是习惯于拖延的人放弃工作或者拖延工作的借口之一，而事实情况是，没有什么比无休止地拖延一件没有做完的工作更加令人感到疲劳。疲劳之感在一定程度上是可以得到控制的，早一些时间完成工作，我们就可以得到安稳的休息。每做完一件小事，都会增强我们的信心。下面是我们给那些在危机中拖延时间者提出的8条忠告：

1. 在工作中态度要主动积极

要勇于实践，做个真正在做事的人，不要做个不做事的人。一个人只有以积极而主动的态度去面对自己的工作，才会产生自信的心理。这样，在处理事务时，头脑才会保持清醒，内心的恐惧和犹豫也便会烟消云散。只有如此，才能够有效地找到处理这些事务的最佳方法。

2. 要学会立刻着手工作

假如在工作中接到新任务，要学会立刻着手工作。这样才会在工作中不断摸索、创新，一步步排除困难。如果一味地拖延、思考，只会在无形中为自己增加更多的问题，这将不利于自己在工作中做出新成绩。

3. 要善始善终，而不要半途而废

做事善始善终才会有结果，如果对每一个目标都半途而废，是没有任何成绩的。在工作的过程中，即使很普通的计划，如果有效执行，并且继续深入发展，都比半途而废的“完美”计划要好得多，因为前者会有所收获，后者只是前功尽弃。

4. 永远不要为自己制造拖延的借口

“明天”“后天”“将来”之类的句子跟“永远不可能做到”的意义相同。所以，我们要时刻注意清理自己的思想，不要让消极拖延的情绪影响了我们行动的路线。

5. 要把创意和行动结合起来

创意本身不带来成功，但是，它一旦和行动结合起来，将会使我们的工作显得卓有成效。在工作的过程中，我们要把创意和实践结合起来，付诸自己的行动之中，这样，才会为我们的人生和事业打开新的局面。

6. 永远不要等到万事俱备的时候才去做

不要等到万事俱备以后才去做，永远没有绝对完美的事。预期将来一定有困难，一旦发生，就立刻解决。永远都没有万事俱备的时候，这种完美的想法只是一种幻想。

7. 用行动来克服恐惧，同时增强你的自信

爱默生说："永远做你害怕的事！"怕什么就去做什么，你的恐惧感自然会立刻消失。

8. 有计划有策略地完成任务

你可以列出立即可以做的事情。你可以在每天早上工作开始之前就完成这项步骤，通常从最简单和用时最少的事情开始。切割你的工作任务。把工作分割成几个小部分，分别详细列在纸上，然后把每一个部分再分成几个步骤，使得每一个步骤都可在一个工作日之内完成。

最彻底也是最理想的方法就是养成"不要让今天的事情'过夜'"的习惯，希望上面的建议会给你些启发。

在危机中接受任务的时候，每一个员工都一定要清楚地知道这个目标对自己来说意味着什么，清楚地知道公司目标与个人目标之间的关联是什么。我们可以在认真地做出自我思考之后，向上司咨询。我们完全可以寻求来自公司的支持，向上司询问公司有哪些可供个人使用的工具与资源。我们首先了解了公司有哪些工具与资源可以应用，了解个人可以寻求哪一些来自公司的支持，我们就能够更加有效地规

划自己的时间以及工作进度。如此理性地服从，我们才有可能不会因为意外的变数而违背对上司做出的承诺，当然也才有可能不造成对事务的拖延。

“想做的事情，马上动手，不要拖延！”这是很多团队的成功经验，这种经验，同样适合于任何人。如何做到“想做的事，立即去做。”这就需要你养成从小事做起的习惯，当这种习惯深深扎根于你的内心之后，你就会达到“水到渠成”的境界。

拖延必然要付出更大的代价。能拖就拖的人心情总不愉快，总觉得疲乏。因为应做而未做的工作不断给他压迫感。“若无闲事挂心头，便是人间好时节”，拖延者心头不空，因而常感时间压力。拖延并不能省下时间和精力，刚好相反，它使你心力交瘁，疲于奔命。不仅于事无补，反而白白浪费了宝贵时间。他们对工作常常感到恐惧，他们没有信心去挑战自己的工作。

哲学家塞涅卡说：“时间的最大损失是拖延、期待和依赖将来。”时间是水，你就是水上的船，你怎样对待时间，时间就怎样沉浮你。所以，要做一个优秀的员工，就要养成遇事马上做的习惯，危机中更是如此。遇事马上做，不仅能克服拖延的习惯，而且能占“笨鸟先飞”的先机。久而久之，必然培育出当机立断的大智大勇。

认真对待工作

在经济不景气的时局下，作为职场中人，如何把握住现有的工作机会可谓是迫在眉睫之举，而要做到这一点就要有审时度势的能力。在职场中有许多人不能够正确地分析当前形势，在顺境时，常常将自己估计得过高；而在逆境时，又往往将自己估计得过低。这样就有可能错失良机。因此，员工要保持清醒的头脑，做出冷静理智地分析，针对自己所从事的工作做出规划。只有这样，你才能更好地把握机会，做到脱颖而出。那么，即使在金融危机面前，你也会把工作做得更好，使自己成为企业不可或缺的人才，这样被别人取代的可能性就会小一点儿。

只要员工善于把握当前形势，即使措施不那么到位和正确，也照样会得到领导的青睐。经济危机时，员工可能束手无策，高层空洞的激励无法产生信心。总之，在平时的工作中，全力以赴地做好每一件事，抓住每一个能够展示自己的机会，为公司创造最大的价值，凸显出你的竞争优势，努力获得你的职场最高分，那么当裁员危机来临的时候，你就有可能顺利过关。

爱琳·詹姆丝曾经是美国倡导简单生活的专家。作为一个作家、一个投资人和一个地产投资顾问，在这个领域努力奋斗了十几年后，有一天，她坐在自己的办公桌前，呆呆地望着写满密密麻麻事宜的日程安排表。突然，她意识到自己无法忍受这张令人发疯的日程表，并且她的生活已经变得太复杂了，用这么多乱七八糟的东西来塞满自己清醒的每一分钟，这简直就是一种疯狂愚蠢的生活。就在这时，她做出了一个决定：她要开始摒弃那些无谓的忙碌，多给自己的心灵一点儿时间，因为试图把握每一个机会，可能适得其反，而懂得抓住主要矛盾，抓住那些重要的机会，才会使工作事半功倍。

于是，她着手开始列出一个清单，把需要从她的生活中删除的事情都排列出来。然后，她采取了一系列大胆的行动。首先，她取消了所有电话预约。其次，她停止了预订的杂志，并把堆积在桌子上的所有读过、没有读过的杂志全部清除掉。她只是从自己感兴趣的方面入手，选择那些能在工作中提升自己的项目，很快，工作的效率大大提高，她内心也感觉到无比轻松自在。

爱琳·詹姆丝说：“我们的生活已经变得太复杂了。在我们这个世界的历史进程中，从来没有像我们今天这个时代拥有如此多的东西。这些年来，我们一直被诱导着，使得我们误认为能够拥有一切东西，我们已经使得自己对尝试新产品都感到厌倦。许多人认为，所有这些东西让他们沉溺其中并且心烦意乱，因为它们已经使得我们失去了创造力。”

因为受习惯的生活方式的影响，你每天有多少活动是不得不勉强去做的？追求舒适的习惯和烦琐的例行公事是否让你的日常生活落入浪费时间、浪费精力的陷阱？其实减少那些程式化的活动，有可能让你在工作中获得更多的灵感和机会。看看那些对人类的艺术领域、音乐领域、科学领域做出过卓越贡献的人，如毕加索、莫扎特、爱因斯坦等，这些人都是全神贯注于自己的主要领域，挖掘内在的创造源泉，因此，获得了丰富精彩的人生。

一般来说，多数员工没有经历多个经济周期，所以普遍缺乏应对方法。因此，经济危机期，高层对员工的指导要更加具体，让员工有危机意识，能在每一次竞争中把握住继续“战斗”的希望。

美国前教育部长威廉说：“工作是需要我们用全部精力去做的事。”如果你只愿意干你分内的工作，你永远只能拿你的薪水。但是，当你善于把握机会，愿意多干一点儿超出你分内的工作时，你的行为必将建立起你的良好声誉。这种良好的声誉，或许会让你在工作的道路上越走越远。反之，可能会使自己的形象下降，也会给你的工作、生活带来不利的影响。

有一个老木匠已经60岁了，他决定放弃工作回家享受天伦之乐，安度晚年了。于是向老板辞职，要离开他从事一生的建筑行业。老板舍不得老木匠走，因为老木匠是他最优秀的员工之一。他诚心地挽留老木匠，但是老木匠去意已决，不为所动，最后老板只好无奈地答应老木匠的请求，但是仍然问老木匠是否可以帮他建一座房子。碍于昔日情面，老木匠虽然很不情愿，但还是答应了。

房子开始建造了，在施工的过程中，大家发现，老木匠的心已经不在工作上了，用料既不复昔日的认真严格，做出的活儿也全无往日的水准。老板看着盖起的房子，惋惜地叹口气，却什么都没说。在房子建成以后，老板把房子的钥匙交给了老木匠，说道：“这是你的房子，是我为你这么多年辛勤劳作而准备的礼物。”老木匠呆住了，大家在他脸上看到了懊悔和羞愧的表情。老木匠这一生为别人建造了无数的房子，却在职业生涯的最后，建造了一座最粗糙的房子给自己来当礼物。

老木匠没有把工作当成自己的事来做，没有想到这最差的工作原来是做给自己的。其实在工作中，领导也会经常给我们创造一些机会来展示自我，但是如果自己的心态不端正，不能将其作为进一步提升的平台，就可能会变成案例中的“老木匠”，自己遭罪还连累了企业，实在是不明智之举。

因此，在我们的工作中，要时刻以做自己事业的态度来对待工作中的每一件事，善于把握机会，这样你才能充分发掘自己的能力，从而获得领导的赏识。

做好职业规划

失业是令人沮丧的，但是如果你提前为自己做好职业规划，找准职业定位，了解自己的优势与特长，清楚自己能够胜任什么工作，这样就可以快速融入到更加适合自己的新的发展平台。而真正做到了未雨绸缪，就不会被金融危机下的失业浪潮所淹没，甚至还可以通过危机事件，让自己重新找到职业定位和发展目标。

在职场中给自己定位，找准自己的位置才能如鱼得水，在属于自己的领域里游刃有余，大展宏图。

一些知名企业在招聘员工时，也要对求职者做一番个性测试。因为把个性不同的人放在最合适的岗位，才能发挥出最大的潜能。正确认识自己，知道自己的职业方向，才能充满自信，才能使自己在职场的大海中不迷失方向。找准职业定位，才能正确确定自己一生的奋斗目标。

一个真正的成功人士认为一个人的成功秘诀就是一刻不停地拼命工作，把工作做得比别人好，名望和财富自然会来到自己身边。但对于我们平常人来说，这不是真实的成功秘诀，我们只有知道自己最喜欢什么和最擅长什么，才能对自己有一个合理的定位，才能做出合理地选择。如果我们选择了一条不适合自己的道路，走上了一个不适合自己的岗位，那么我们就不可能走向成功之路。

有一天晚上，我从人大回家。经过人大西门时，我看到人大的一位学生在路边卖录音笔，正好他卖的录音笔就是我一直在寻找的那一种，于是我就蹲下去挑选。当我挑选完成之后，我就开始与他谈价格，他说我选择的那一支录音笔需要120元钱，可是，当时我钱包里只有两张100元的钞票，我就让他给我便宜20元，如果能行的话，我就把笔买走，结果他不答应，于是我放下录音笔，起身对他笑了笑，就走了。

在我走出一段距离之后，突然我听到身后好像有人在叫我，我转身一看，原来是卖录音笔的小伙子追了过来，他对我说，他答应100元钱把笔卖给我，让我回去付钱后把录音笔拿走。

小伙子说完，转过身跑回了摊位。当我回去把购买录音笔的钱付了之后，小伙子问我："为什么不拿另外的100元钱让我给您找零呢？"

我笑了笑说："你我都是做生意的，你是学生，按常理说我应该照顾你，但现在你是这个摊位的老板，你是在同我做生意，而且我知道付100元钱给你，你已经盈利了，我为什么还要让自己承受损失呢！"

小伙子听我说完之后，他笑了，"你说得非常对，你我都是做生意的，而且我还是老板。你给我指明了发展方向，大学一毕业我就开始创办自己的企业，还希望你多多帮助。"

我没有对小伙子做任何回答，我只是对他笑了笑，转身就走了。为什么这样？因为我已经深深地感到：这位小伙子已经找到了自己的定位，他认为自己在从商方面有优势，他已经把自己定位成了一位老板，一位未来的企业家，过不了几年，他一定会在企业界取得非凡的业绩。从这件事可以看出，只要我们给自己做好职业定位，并持之以恒，就能增强自己的竞争力，即使风险到来，也可以从容应对，也可以让自己立于不败之地。

举个例子来说吧。汽车大王福特自幼在农场帮父亲干活儿，12岁时，他就在头脑中构想用能够在路上行走的机器代替牲口和人力，而父亲和周围的人都要他到农场做助手。若他真的听从了父辈的安排，世间便少了一位伟大的工业家，但福特坚信自己可以成为一名机械师。于是他用1年的时间完成了其他人需要3年的机械师训练，随后又花了两年多时间研究蒸汽原理，试图实现他的目标，未获成功；后来他又投入到汽油机研究上来，每天都梦想制造一部汽车。他的创意被大发明家爱迪生所赏识，邀请他到底特律公司担任工程师。

经过10年努力，在福特29岁时，他成功地制造了第一部汽车引擎。

所以说，一个人的成功在某种程度上取决于自己对自己的正确定位。福特认为自己在机械、蒸汽研究及汽油机车等方面很擅长，并执着于这些领域的探索，才成就了制造第一部汽车引擎的神话。

反过来说，就算给自己定位了，如果定位不切实际，或者没有一种健康的心态，也不会取得成功。

一位经常跳槽，最后一无所成的博士毕业生这样感叹，如果能以对待孩子的耐心来对待工作，以对待婚姻的慎重来选择去留，事业也许会是另外一番样子。世界上没有全能奇才，我们充其量只能在一两个方面取得成功。在这个物竞天择的时代，只有凝聚全身的能量，朝着最适合自己的方向，专注地投入，才能成就一个卓越的自己。

一个聪明的人，如果没有做最适合自己的工作，他不可能取得成功；一个笨拙的人，如果他能全面地了解自己并找准自己的位置，那么他也会取得成功。

成功的事业，应该从准确的定位自己开始。如果我们不能正确地对待自己，不能对自己的人生做出定位，朝着正确的方向前进，那就是成功道路上的一大误区。一个人只有正确地认识自己，只有正确找准人生的坐标，改变自己错误的思维模式，才能走向成功的巅峰！

那么，如何给自己进行定位呢？

首先，要分析自己的性格。如果你是外向开朗的性格，则适合做与人打交道的工作，比如营销，记者、公关等；如果你的性格相对内向，那么你则适合需要长期伏案的工作，比如编辑、财会、办公室人员等。

其次，要找出自己的优点和缺点，发现自己所擅长的事情。如果你擅长唱歌，并且有很好的外形条件，那么你可以尝试着向演艺界发展，也可以学习乐器或者舞蹈；如果你的文笔较好，擅长公文文件的整理写作，同时你又是个渴求稳定的人，那么报考公务员对于你是一个很好的选择。尺有所短，寸有所长，重要的是要发挥自己的优势，做起事情来才会事半功倍，轻松快乐。

再次，发掘自己的兴趣爱好。除了性格、专长方面的因素外还要考虑到自己的兴趣爱好，因为兴趣爱好决定了你在所在的领域能有多大的发展前景。

职场就是这样，只有我们对自己有一个正确的定位，才能成为自己的主人。正如一位成功人士所说：“假如我们认为自己不敢去做，就真的不敢去做；假如我们认为自己不可能赢，即使还有希望，也不可能赢；假如我们认为自己是杰出的，就真的会杰出。想象渺小，就会落后；想象辉煌，就会变得伟大。只有我们想成为一个怎样的人，才能成为怎样的人。”

另外，在给自己进行职业定位时，我们要避免产生一种与某些成功人士进行攀比的心理。工作中的许多烦恼都源于我们盲目地和别人攀比。正是因为我们有了这么多的攀比，我们才会感到找不到方向，我们才会怨叹工作中的诸多无奈。

了解职业定位的重要性及其正确的定位方法，工作中的你也能做到真正的“量体裁衣”，夯实了自己，即使是危机的暴风雨来了，你会怕什么呢？

提升职业生存能力

在职场危机面前，员工在处于整个职业生涯发展的高度为自己进行规划的同时，还需要时刻保持职业危机感，除了学习与自己工作有关的专业技能外，还要积累一些可转换技能，如沟通能力、协调能力、管理能力等，这些是许多岗位、职业所必备的技能。不仅如此，员工还应该增强以下工作能力：

1. 反应能力让你洞察先机

反应能力是职场成功必备的要素，一个合格的员工必须反应敏捷，对一件工作或事务的处理，要有先见之明。如果你能够在时机的掌握上快人一步，那么你在职场中获得成功机会的可能性也就比别人大。

（1）员工最基本的职责是要在指定时间内完成工作，上司最不喜欢下属凡事都找借口。你要认真完成每一份差事，别等他人来提醒你，尤其是那些职位比你高的人。

如果公司是采用流水作业制度的，那么当同事将完成了一部分的工作交给你接手时，可要小心检查一遍，一旦有错误，请对方先处理好，同时要清楚了解你需要完成的那一部分。遇到难题时，最好自己来解决，或请教同事，最好不要将问题带到上司面前。

如果你的权力不足以解决问题，你向上司报告时，可以提出自己的意见，让他知道你具有随机应变的能力。

（2）作为一个能干的员工，对大量不成文的“规则”，就是上司认为员工“想当然”会遵行的事，应该清楚。

（3）不要在办公室树敌，在决定某件事情是否值得争取前，先考虑它对工作的影响，造成的损害是暂时的还是长期的？值得因此而与对方作对吗？你有必胜的把握吗？这些能力都可以让你洞察先机，防患于未然。

2. 应对危机的能力让你游刃有余

在职业生涯中，人们都盼望能够不断地加薪、升职。然而，职业生涯道路并不平坦，工作中遇到坎坷和挫折几乎不可避免。一旦发生危机，就会导致你整个生涯失衡，影响你的发展和进步。所以你必须学习和掌握应付危机的方法，这样你在职场中才能做到游刃有余。

（1）要想解决危机首先应该知道危机产生的外部原因是什么？目前已经达到了什么程度？严重的时候能达到什么程度？将对个人产

生怎样的后果？与危机有联系的外部环境有什么反应？有无推动或抑制的外部力量？要了解这些，就要先冷静地观察现状，设法把问题的主要矛盾找出来，经过一番综合分析之后，任何复杂的情况都可以理出个头绪来。

（2）冷静地分析自己，找出自己陷入危机的个人原因是什么？给自己目前处境造成的影响有多大？最终将导致什么结果？自己有无克服危机的能力和条件？

知道了危机产生的原因，就很容易制订出一套应付危机的策略了。应变的策略是在分析危机形势的基础上，制订出来的完整的行动纲领和方式步骤。形势不同，策略也不同。

（3）知难而进，不回避矛盾，在竞争中扭转局势。这是一种积极主动的以攻为守的策略。虽然从眼前看，自己处于劣势地位，但能寻到对方的弱点，果断地迎头反击，很快就能变劣势为优势，掌握主动权。

（4）退的策略，如果你的对手过于强大，你就要以退为守，保存实力，等待时机。陷入危机轻易出击不但不能取胜，反而会遭到更大的打击，丧失东山再起的资本和机会。这种情况下，就要有受胯下之辱的韧性，避免与对手直接交锋，采取明哲保身的办法。跌倒了并不可怕，关键是要积蓄力量，重新爬起来。在危机已不可挽回时，不要计较一时的得失，让自己暂时稍作调整，恢复一下元气，应该说是较佳的选择。

（5）斡旋策略。如果危机并不严重，就果断地消除危机。如老板不信任自己，但也不想辞退自己时，可以采用若即若离、不冷不热的态度，与之周旋以保持现状，打持久战，等待和寻找机会改变局面。斡旋的余地，就是生存的空间。在这个空间里，既不进攻，又不退却，实质是又进攻又退却，进攻中有退却，退却中有进攻。进是为维护自己的利益，退是为了防止更多的伤害。在斡旋中求生存，积累力量，寻找机会，是走出危机的最佳策略。

员工要有这样的认识，当危机发生时，自身因素是主要的。别人能把自己打倒，那只是暂时的；长期打倒自己的只能是自己。在陷于危机时，不要仅仅分析导致危机的外在原因，更要好好反省主观方面的原因。只有从中吸取失败的教训，才能够走出困境。

（6）纠正缺点需要勇气，也需要智慧。对过去做一次盘点。坐下来对自己的思想言行做一次清理，像清查账目一样，虚实盈亏、来龙去脉、优点缺点都能逐条列出一份清单，写在纸上，一目了然，以便总结经验教训，找出解决危机的方案，顺利地渡过难关。

所以，面对危机，我们首先要具备一种积极的心态。“态度决定一切”，米卢的这句话在职场上依然通用。

3. 协作能力让你得心应手

员工要想把一件工作做好，决不能一意孤行，更不能以个人利益为前提，而必须经过不断地协调、沟通、商议、集合，众志成城才能事半功倍。一个合格的员工只有以整体利益为出发点，才能让公司和个人都满意。

你发展如何，一定程度上也受你职业群体关系的左右。工作在团结协作、平等竞争的职业群体中，工作会心情舒畅，才能会得到充分的发挥。工作在钩心斗角、嫉贤妒能的职业群体中，你就会减弱工作兴趣，才能受到限制。而任何一个职业群体内，没有矛盾和冲突是不可能的，关键是怎样解决好矛盾和冲突。职场中的你必须面对群体现实，协调处理好上下级和同级之间的职业群体关系，避免成为众矢之的或不受群体欢迎的员工。

4. 学习能力让你一展其才

工作中，不断变化的市场形势，不断更新出现的信息，要求我们要不断地更新自己大脑中的知识。包装自己决不能肤浅地理解为只是对外表形象的装扮，它还包括对内在素质的提高、知识的补充、视野的开拓等，这是个从内到外不断升华的过程。一个人的外在形象，会随着他的“内存”增加而随之改变。

培根有一句名言:“知识就是力量。”便是很好的佐证。一个人要想取得成功，没有知识作为后盾是难以想象的。充实自己首先要做的就是用知识“包装”自己的头脑。

掌握知识，不是靠一两次的训练就可以满足的，必须时时刻刻充实和补充自己。知识修养是靠日积月累的积攒、一点一滴的融化吸收得来的，而不是三天打鱼两天晒网的瞎糊弄就能够拥有的。

为了让自己在激烈的职业竞争中不被淘汰，你可以通过以下几种方式来提升自己，比如：每天至少要看一份知识含量较大、新信息较全的报纸，每周要多阅读有关的杂志或期刊。要想拥有最新的知识，除了从报纸杂志、广播、电视等地方获得之外，还要经常到书店和图书馆阅读有用的书籍与资料。

知识就是财富，你拥有的知识越多，你的精神就越富有，你的前途也就越光明。

除此之外，你还应该让自己的知识储备向专业、精深的方向发展，因为一个人的知识不精不行，否则就难以在你所从事的领域有所作为；而只精深不渊博，又会使自己的知识结构过于单薄，难以适应日益复杂的职场需要。现代职场需要的是综合型人才，我们不仅要对社会科学、自然科学知识广泛涉猎，不断开阔眼界，扩大自己的知识面，提高自己的知识层次，还要在自己的专业或本职工作范围内，尽量掌握最新信息。

当然，用知识武装自己不能仅着眼于对知识的汲取，还应当注意思维模式的改变。所谓改变思维模式就是指不断地扩充自己的思维深度，扩展自己思维的广度，变换以往的思维角度，使之成为一个集战略性、系统性和创造性于一身的整体。

如此才能高瞻远瞩，用战略性的思维模式统领全局，用系统性的思维方式顾全大局。

作为员工，战略性思维指的是懂得运用公司内部各种力量，调节计划和行动来使整个公司适应外部世界。站在一个较高的层次思考问题，眼光就能看得远，考虑问题也更全面。这也就为你的人生之路拓宽了成功的渠道，使你获得了更大的优势。

系统性思维则指的是能够从公司某一部门的变化，分析并推测到它对公司其他部门所带来的连锁反应。运用系统性思维的人，可通过当前的变化，分析和判断出近期和将来公司将会往什么方向发展，以及某个细微的变化会给公司带来什么样的影响。

大家都知道“龟兔赛跑”的故事，以往这个故事给人的印象是，兔子是因为偷懒、轻敌而输掉了比赛。我们何不改变一下自己的认知，从另一个角度来理解和审视“龟兔赛跑”的意义？试想：兔子的优势已显而易见，实力更无须渲染，既然是“真金”，何必怕“火炼”，所以兔子本不该与乌龟做无谓的相争。

换一个角度考虑问题，往往能够更好地解决问题，能让你变成一个具有独到见解、独辟蹊径的人。知他人所不知，想他人所不想，出奇制胜。

创造性思维，人不能一辈子做别人的下级。为了早一天“当家做主”，自己做老板，就要学会改变自己的思维模式，超越自己的局限，不要让原有的思维模式限制、束缚了你。从思维方式、思维角度进行根本上的改变，跳出传统的思维圈子，才能有超越自我、超越未来的表现。

不难看出，不同思维方式的运用，也有可能让你在职场中加分。

总而言之，全面提升自己的能力在职场中尤为重要，也是应对职业危机的必备素质。

所以我们说：用什么样的心态去对待事物就会产生什么样的结果，良好的心态甚至可以改变命运。因此，要让老板觉得你很重要，就应该全面展示自己的能力。

打破自身限制

每个人都有遇到挫折的时候，但千万不要因一时受挫，而对自己的能力产生怀疑，进而形成一种压力。

当你遇到挫折的时候，应该保持清醒的头脑，勇敢面对现实，不断超越自己。冷静地分析整个事件的过程，分析一下是自己本身存在的问题，还是由于外来因素而引起的？还是两者皆有？假如是自身因素的话，那么自己就应该好好反省一下，为什么会犯这样的错误？以后应该怎样做，才能避免同类事件的发生？如果事情已经发生了，就不要急于去追究责任或是责怪自己，而应该想想事情是否还有挽回的余地？要是有的话，应该怎样做才能把损失或伤痛减到最低？这样也能在工作中更好地调整，完善自我，进而克服困难，披荆斩棘。

当你遇到困难的时候，请记住一句话——没有解决不了的困难，只是解决困难所需用的时间长短不同而已。困难只不过是一种为人生增添色彩的颜料而已。当你遇到困难的时候，不要逃避问题或是借酒消愁，只要你对自己有信心，那么什么困难都难不倒你。这正如经济学家万超所说："成功完全属于个人认知的范畴，对于不同的人，成功有着不同的意义。成功不只是赚很多钱，不只是在报纸上更多地看到自己的名字，而是要看为社会创造了多少价值。"

很多时候，打败自己的不是外部环境，而是自己本身。经常听到许多人否认自己有追求权力、金钱和成就的需要，因为他们认为这些价值观离他们很远。他们经常叹息自己生不逢时，他们认为如果自己要是生长在一个创造英雄的年代，他们一定会是英雄。然而，当我对他们说："你现在不是生存在一个创造精英和企业家的年代里吗？你为什么不去做一个精英和企业家呢？"结果他们露出一丝苦笑说："我的出身决定了我现在的地位，我还有什么追求呢！"听完他们的回答，我们是不是应该从反面思考一下，其实，是他们刻板的角色限制了他们的发展，如果我们能把这种刻板的角色打破，勇于超越自己，我们就有更多的机会来追求个人价值的实现。

1996年，万超那时大学已经毕业两年了，可是他的内心愁云密布，生活对他来说就是一种煎熬，根本没有什么快乐可言。

为什么呢？因为他在上大学期间，让家里欠下了几万块钱，而这些钱经过两年还没有还完，因此使他的内心非常痛苦。更糟的是，大学毕业后，他虽然留在了北京，但由于自己普通话不好，没有找到一个好的工作，收入也不高，于是他只好在北京的郊区租一民房居住。因此他感到生活没有意思，整天愁眉不展，度日如年。当时万超内心的痛苦可想而知，就像我们自己也会经常碰到的那样。

怎么办呢？无奈中万超只好写信给父母，希望回到云南，在那里找到一份工作，让他自己能过得开心一些。

但是，他寄出的信却石沉大海，很久也没有回。他只好又寄出了一封，过了两个月之后，他盼望已久的回信终于到了，但拆开一看，大失所望。父母还是希望他尽快赚钱，把一切欠款还了，信的末尾提到，希望他能够在北京开辟属于自己的一块天地。信中还写道：父母就像一棵苹果树，当你热的时候，你希望到它的树荫下避暑；当你渴的时候，你希望从它的身上摘下果子吃。当苹果树老了的时候，它已经只剩枯枝了，你还想坐一坐，要是没有苹果树呢？

万超读完了父母的来信，当时并没有明白其中的深意，甚至还在好长时间内，感到非常失望，甚至有几分生气。终于有一天，一道闪光从他的脑海里掠过。这闪光仿佛把眼前的黑暗完全照亮了，他惊喜异常，每天紧皱的眉头一下子舒展开来。原来他终于从父母的来信中发现了自己的问题所在：他过去总是生活在父母的庇护下，结果失去了独立生存的能力，只要稍微遇到一点儿挫折，就想到要回家，而不是勇敢地去战胜挫折，去寻找属于自己的空间。一个人只要敢于面对一切困难，敢于不断自我超越，面对现实带给他的不愉快，一切困难都是可以战胜的，那么，职场中的我们为何不去主动迎接挑战，改变自己的环境，去搭建属于自己的舞台呢？

万超这么想了，接着也就开始这么做了！

他开始主动去寻找能够发挥自己能力的工作，不久，他就进入了一家杂志社，尽管他普通话说得不好，但凭借着自己的文笔，成为一名编辑。在做编辑的这段日子里，他为自己树立了良好的“品牌”，不久就在信息产业界取得了自己的一席之地。之后，又很快被北京电视台聘请为《电脑世界》栏目的高级策划。在北京电视台工作的那段时间，他利用业余时间写了一部小说《中关村风云》，结果这部小说为他带来了可观的收益，使他的生活得到了改变。

从万超的例子中我们可以看出，在职业生涯中，一个人的成功需要自我超越，只要我们能够突破自己给自己设置的限制，勇敢地走出困境，才有可能获得意想不到的收获。

不要投机取巧

随着社会竞争的日渐激烈、企业管理制度的逐步完善和人们素质的不断提高，投机取巧型员工会逐渐遭到淘汰。

在工作中投机取巧也许能让你获得一时的便利，但却为你的长期发展埋下隐患，从长远来看，有百害而无一利。一些公司内部笼罩着一种紧张的气氛，员工抱怨老板太苛刻，整天像监工一样监督自己；老板则抱怨员工不能尽职尽责，一转身的工夫就投机取巧，倘若没有监管，便不再努力工作。

的确，有些老板对员工过于苛刻，他们时刻盯着员工的一举一动。但是，员工是否也应该自我检讨一番。任何人都无法否认，投机取巧是如此普遍地存在于公司和各种组织中，成为当今社会的痼疾。

世界上绝顶聪明的人很少，绝对愚笨的人也不多，一般都具有正常的能力与智慧。但是，为什么许多人都无法取得成功呢？

看起来很有希望成功的人随处可见——在很多人的眼里，他们能够成为而且应该成为各种非凡人物，但是，他们最终并没有成功，原因何在？

一个最重要的原因在于他们习惯于投机取巧，不愿意付出与成功相应的努力。他们希望到达辉煌的巅峰，却不愿意经过艰难的道路；他们渴望取得胜利，却不愿意做出牺牲。投机取巧是一种普遍的社会心态，成功者的秘诀就在于他们能够克服这种心态。

有这样一个故事：一个人看见一只幼蝶在茧中拼命挣扎了很久，觉得它太辛苦了，出于怜悯，就用剪刀小心翼翼地将茧剪掉了一些，让它轻易地爬了出来，然而不久这只幼蝶竟死掉了。幼蝶在茧中挣扎是生命过程中不可缺少的一部分，是为了让身体更加结实、翅膀更加有力，而这种人为地试图让其投机取巧的方法只会让它丧失生存和飞翔的能力。同样，在工作中如果我们投机取巧，也会失去锻炼自已能力的大好机会，是得不偿失的事情。

古罗马人有两座圣殿：一座是勤奋的圣殿；另一座是荣誉的圣殿。他们在安排座位时有一个秩序，就是必须经过前者，才能达到后者。勤奋是通往荣誉的必经之路，那些试图绕过勤奋而寻找荣誉的人，总是被排斥在荣誉的大门之外。

投机取巧会使人堕落，无所事事会令人退化，只有勤奋踏实地工作才能收获成功的果实，才能给人带来真正的幸福和乐趣。

一旦养成投机取巧的习惯，一个人的品格会大打折扣。做事不能善始善终的人，其心灵亦缺乏相同的特质。他因为不会培养自己的个性，意志无法坚定，因此无法实现自己的任何追求。一面贪图享乐，一面又想获得事业上的成功，自以为可以左右逢源的人，不仅享乐与事业两头落空，还会悔不当初。

一位先哲说过："如果有事情必须去做，便积极投入去做吧！"另一位明师则道："不论你手边有何工作，都要尽心尽力地去做！"

事无大小，竭尽心力，力求完美，是成功者的特质。大凡在事业上有所作为之人，都是那些力求完美的人，他们在工作中创立新标准、新理想，肩负着孜孜以求，不断进步的旗帜！

增强抗压力

所谓压力，是指当我们去适应周围环境所引起的刺激时，我们的身体或精神上的生理反应。这种反应包括身体成分和精神成分，还可以导致其他的积极的或者消极的反应。人们常说“家家有本难念的经”，对于个体来说，同样如此，人活着就会感受到压力，没有人是可以免于压力的。不管怎样，压力是生活的一部分，会始终伴随着我们。可见，无论对谁来说，都会面临来自各方各面的压力，工作压力只是你所要面临的压力中的一个缩影，所以，要对它有一个正确的认识态度，积极地去面对它，提高我们的抗压性。

所谓“抗压性”，是指对突然事件的应变能力。抗压能力说穿了就是在外界压力下处理事务的能力。其根源其实还是处理事务的能力，只不过外界环境或者条件不同，所以问题的关键还是在做事。

首先，你要有一套自己最熟悉的做事方法。比如有的人喜欢先计划，再论证，再找资源，最后去做。而有的人喜欢先做起来，再慢慢调整。所以你要先找到自己最熟悉，最擅长的处理事务的方法。并且不断反复练习，直到成为自己的一种习惯。

其次，就是用这一种成了习惯的方法在不同场合去实践，再调整完善。变换不同的外部环境和条件，或者减少时间，或者增加难度，不断练习，直到得心应手。成为习惯后，就不再惧怕任何突变的环境和压力了，因为这已经成为你的本能。

另外，改变负面想法是提高抗压能力的重要一步。

事实上，日常生活上遇到的事情，鲜有威胁生命的严峻状况，但脑袋就是不停在转，不断有各种负面想法，常常思前想后，午夜梦回，其中一个主因，是大多数人尚未学习如何让心灵静止！我们常会被这些负面想法支配，并当作事实，久而久之，最后每件事都如此反应，甚至变成“积非成是”。不幸的是，这种感观（想法）让许多人不知不觉陷入“认知扭曲”的漩涡，例如预设立场、遽下定论、否定正面、把事情过度放大或缩小、极端两分法等。这种现象其实亦是现代社会普遍的问题，也是为什么有人认为生命就是依“墨非定律”行走的原因，亦即“预期会出错的事，终究打破这个预期的唯一方法就是增强自我意识，调整思维。”

确实，人生总难事事顺心，也因而充满挑战，但如果每次都把挑战看成压力，则自然是压力重重、无以复加。其实很多时候，只要从不同角度面对就会有不同结果，就是因为压力造成的健康问题是在于“反应”而非压力本身。既然如此，从生活上改变负面想法，就是提高抗压能力最重要的一步。

1. 学习主动掌控

因为人一旦感觉无控制能力时，大脑理性分析中心就会停顿，只会做情绪性反应，陷入“自我打败”的思考方式。

（1）由于负面想法几乎都是自动想法，所以我们需要不时地自我提醒，也就是要随时察觉自己的想法，做出修正。

（2）很多时候的压力，都是和心理上觉得孤立无助有关，这种感觉往往是长期“学习无助”而来的结果，亦属部分人的“人格特质”，要除掉这种特质，就必须积极学习乐观态度。例如，把坏的状况看成最坏不过如此，把它当成是短暂的、偶然的，进行自我对话，告诉自己一定可以克服等。

（3）有些人感到面对任何压力都很痛苦，这是由于他们长期自我设限，让思维停顿在过去的体验中，认为自己缺乏控制压力的能力，但实际上可能只是从未尝试而已。这也属于一种“学习无助”的行为。所以记住，凡事先不要往坏处想、遽下结论。

（4）另一种情况是过于把“事件表面化”，只根据个别有限信息，便做出全部负面的结论，例如工作上遇到一两次障碍就认定自己毫无能力，从此缺乏信心。其实换个方式，尝试只做个人能力范围内的事，认识您能够认识的事情，循序渐进，则压力自必下降，记住：“不妄作，则身安。”

（5）还有一种“自我打败”的思考，就是认为放弃自己所有的想法，压制自己的要求，每件事都附和别人，就可与人融洽、没有压力。但这种随风摆柳的“顺民”心态，最终却可能变成“我是受害者”的结局。所以适时表达想法和需求，更能减少不必要的压力，亦即做到了主动掌控。

（6）最后，当然不能把“主动掌控”变成“全面控制”。我们应该认识到生活中，并不需要大小事情都在我们的控制之内，如果要凡事都可预期，这既不可能，也不切实际，应该欣赏及感激能掌控的部分。毕竟，什么事情都在掌握之中，人生有何挑战？只要记住“不妄求，则心安”就够了！

尽管生命中许多事情的发生是难以预期、难以控制的，但是我们可以学习控制我们对事情的反应能力。近年来，流行语中的“酷”，其实就是一种带有控制压力反应的方式，“泰山崩于前”，仍能面不改色，虽然有点儿夸张，却是抗压能力强的写照。其实能把握“掌控”技巧，就是增强了抗压能力，只是必须谨记：“是掌控自己的生命而非他人的生活。”学习可弯曲但不要折断，要追求卓越而非完美，不要为了别人的期望而变成奴隶，目标可以订得高，但应符合现实。毕竟，“快乐”是每一个人的生存权，而无法“释压”却是快乐最大的障碍！

2. 寻找支持：找回自己，重新定位

认清自己所面对的问题，寻找适当渠道的支持是另一个提高抗压能力的方法。不管是家庭、朋友、同窗还是心理咨询、社区机构、宗教团体，尽量找到可信赖的人，倾吐心声是疏解情绪压力很重要的方法。在生活中建立这类可支持你的精神资源，是活在“病态年代”必须要做的事情。

3. 适当释放、舍得放下

能够把压力放下，等于找到“再生”的力量。当您无法把压力转化时，最好的方式当然是放下。所谓“如释重负”，当感到工作或生活把您压得喘不过气、身心俱疲时，适时“暂停”就是最佳方法。俗话说：“休息是为了走更远的路”，意即再蓄动能，只不过大部分人往往知易行难。关键其实在于能否思考生命的意义，做出适当地取舍。不过即使无法停顿，还是有下列三大方式可以释压：

（1）体力消耗：运动或劳动，只要不致过度劳累，就是符合压力反应的“打”或“跑”反应，因此可借以降低压力。

（2）口头方式：可通过倾谈、大叫、谩骂、哭泣等方式把压力释放，只要没伤害第三者，这不失为一种短暂有效的方法。来一个“尽诉心中情”，确实可把压抑的情绪宣泄出来，降低压力反应的程度。其中放声痛哭、泪流满面，更是疏解眼前压力的最佳方法。研究发现，眼泪中含有脑啡、神经传导物质等，尤其是情绪性的眼泪含有肾上腺素，证明大哭一场的确是纾压良方。其实，像大哭一样，大笑一番也可降低压力激素，协助抗压，增加免疫抗体。事实上，拥有丰富的幽默感甚至可提升认知能力、增加创造性思考能力、增强解决事情的能力，当然也代表抗压能力的提高。

（3）转移焦点：乾坤大挪移，转嫁压力。斯坦福大学的Sapesky教授发现，当受压的动物攻击其他动物时，它们体内的“压力荷尔蒙”会下降，当然人类不该用攻击他人的方式纾压，但用物件代替，仍有不错效果，如踢沙包、沙发，以之当作假想发泄对象。有些困境也可以采取正面面对的方式，整天担心患重病的亲人，倒不如把焦点转至寻找可行的治疗方式；担心失去工作，干脆只关注在怎样做好工作上等。

基本上，上述提到的都是一些可以提高抗压能力的方法，只要愿意在工作中做些改变即可达成，但最重要的还是“行动”。很多流行的纾压模式，就是因为耗费时间，最后往往反而以增压收场。因此，务必以适合个人情况作为依据，切勿盲目跟风。综合来说，在工作中，能够做到“把握主动”“寻找支持”和“舍得放下”三大原则，则压力造成的后果，自然会和您渐行渐远，相信您会在工作中做得更出色。

加倍珍惜现有的工作

金融海啸背景下，职场竞争压力也进一步加剧，“加倍珍惜工作机会、全力以赴对待工作”已经成为职场人士捍卫工作机会的一种必然趋势。我们要针对现有岗位的职责需求尽量做得好一点儿，不仅能够出色地完成本职工作，更可以兼任其他岗位的工作，成为节约型人才，这样被别人取代的可能性就会小一点儿。另外，除了做好本职工作之外，做个职场有心人也很重要，不要只是低头拉车，也要抬头看路。比如关注一些行业的发展动态，因为有些行业确实是受国家产业政策的影响，有时候要有政策性的减产或裁员，所以要及时关注各种新闻及资讯。总之，在平时的工作中，加倍珍惜工作机会并且做好它，为公司创造最大的价值，凸显出你的竞争优势，努力获得你的职场最高分，那么当裁员危机来临的时候就可以帮你化解危机。

很多人在刚踏入职场时，对自己总是抱有很高的期望值，认为自己一开始工作就应该得到重用，就应该获得丰厚的报酬。他们在薪酬上相互攀比，仿佛工资是他们衡量一切的标准。但事实上，刚刚踏入职场的人缺乏社会经验，短时间是无法委以重任的，薪水自然也不可能很高，于是他们就有许多怨言。在他们看来：我为公司干活儿，公司付我一份报酬，等价交换，仅此而已。他们看不到工资以外的东西。

没有了信心，没有了热情，工作时总是采取一种应付的态度，能少做多少就少做多少，能躲避就躲避，敷衍了事，以此来报复他们的雇主。他们只想对得起自己挣的工资，从未想过这样是否会丧失许多发展机会，是否对得起自己，是否对得起家人和朋友的期待，这种状态是很令人担忧的。

其实，如果你能认真对待你的第一份工作，珍惜你的第一份工作，把自己全部的热情和智慧投入到工作中去，你就会发现，你从工作中得到的，不仅仅是薪水。

小寒是年轻人中十分优秀的一位，他大学毕业就在纽约，在一家出版社担任校对工作，一个星期只能挣15美元，而且还必须从早忙到晚。他的朋友们都劝他换一个工作，说这样低的工资不值得他如此卖力，可是他始终没有放弃，从不抱怨自己工资太低，他诚恳踏实的态度受到了老板的关注，一年以后，他的工资就涨到了每周75 美元，并且被提拔到一个重要的部门。在新职位上，小寒继续保持自己良好的工作习惯，最后被提升到总编辑的位置上，成为出版社收入仅次于老板的人。小寒在平凡的岗位上，从不责备、不抱怨、一心一意做好自己的本职工作，加倍珍惜工作机会以凸显自己的优势。

在一次慈善晚会上，一位慷慨的富翁乔治发表了一场演说，深深打动了在场的从事不同职业的听众。

“我刚来纽约的时候，在一家商店替人扫地，一个星期挣6美元。到了年底，我又找了一家公司工作，在那里我一个星期拿14美元，但我依然努力工作。之后，我进了纽约的一家大公司，在那里我当上了商务代表，周薪30 美元。那个时候，我对自己说，希望能够通过自己的努力进入管理层。过了不久，我被董事长叫进了办公室，桌上摆着一份新的合同。这是一份长达10页的合同，在这份合同中，公司提供给我的待遇是年薪1万美元。”

“我和妻子每周只花8美元，节省下来的钱全部用来投资。在我的第二份合同到期时，我投资所得已经达到了11.7万美元。我用这些钱投资入股公司，成为公司的合伙人，不久变成了百万富翁。”

这位富商还告诉人们，当他开始工作时，许多朋友劝告他说：“乔治，你真傻，这份工作如此累而且收入还很低。你每天都加班到深夜，什么时候才是出头之日？”但是乔治回答说：“既然我来到纽约，就要干出一番事业来。也许现在我必须做这些别人不放在眼里的活儿，但我坚信总有一天，我会成功的。”在他来到纽约这座城市时，就下定决心要成为一个成功者。他从不会错过任何一个学习做生意的机会，即使是在店里扫地的时候，他也会观察老板是怎样和客人们打交道的。他总是在观察、学习、总结，即使休息时，也会试着和客人们攀谈，了解他们的消费观念和消费需求。有时他也会问老板一些生意方面的问题，时间长了他便总结出了很多生意经。虽然那时他一周只有6美元的收入，可是他所学到的东西又岂止6美元呢？

观察乔治工作的每一天，你会发现他真的很有做生意的天赋，在他身上你可以找到一个出色的经营者应该具备的素质。为此，金融界的杰出人物罗塞尔·塞奇说："单枪匹马、既无阅历又无背景的年轻人起步的最好方法：第一，谋求一个职位；第二，珍惜第一份工作；第三，养成忠诚敬业的习惯；第四，认真仔细观察和学习；第五，成为不可替代的人；第六，培养成有礼貌、有修养的人。"

所以，身在危机中的人们，珍惜你们现有的工作吧，尽心尽力把它做好，因为只有你做好了自己的工作，你才能活得更加充实，你才能找到未来发展的平台。只有你把基石放牢了，把平台铺平了，你以后的路才能走得稳当走得踏实。

第二章
企业危机

明确企业生存道路

《东软密码》一书中看到有一段话："与自然的物种生存法则一样，企业发展也需要适宜的生态环境，企业的生态环境包括外部生态环境和内部生态环境。和谐的企业内部生态环境，员工的工作质量和工作热情可以自发地高涨。良好的企业外部生态环境，企业的成长和发展就会持续稳定。但是，在金融危机期间，一家企业要做到这样一种状态，是非常困难的，这就需要企业看清艰难时局，以此为企业构建一个良好的生态平衡。"

我们常常谈生态问题，中国的生态环境不是很好，事实上中国的金融生态环境，中国的企业生态环境也不是很好。举一个简单的例子，国外很少看到中国旅游人在地上随地吐痰的，因为大家都不那么做你就不会那么做。但是中国，我们也能看到外国人也有推推搡搡的，这还是环境的问题，环境会改变一个人的行为，环境也会改变一个企业的行为。所以中国本身是有必要加强自己的企业生态环境，这包括方方面面的问题，但说到具体的就是企业的发展方向及经营目标不能模糊，更不能摇摆不定。

那么，我们如何能够判断出一个企业的发展方向及经营目标模糊与摇摆不定呢？这主要表现在以下几个方面：

1. 没有明确具体的战略发展目标及其支撑性指标和实现路径，缺乏创办企业的目的等核心价值观念，管理层和作业层多半在“埋头拉车”，很少有人“抬头看路”。

2. 重大决策的沟通方面，很少通过召开员工大会或其他什么形式及时告知员工，员工不清楚什么是能够代表企业管理意志的正面声音。

3. 未组织职能部门定期或不定期对经营目标情况、满足相关方和顾客要求状况进行及时检讨和评审，以发现差距，找出根本性解决问题的措施。

4. 管理层普遍认为员工素质低，自己以下管理人员的执行力差，导致了企业决策层在确定发展战略时的摇摆，影响了企业的发展方向和发展速度。

5. 重大决策，如市场或新客户的开发、一些关键或重要的供应商的选择，一些关键部门的撤并或重新组建，或是一些关键和重要功能与岗位的设置，很少经过科学、规范的论证，也不提供决策用的至少两套以上的方案，最终多半是董事长或总经理凭感觉自己拍板、拍脑袋。

正是很多企业在发展方向及经营目标的模糊与摇摆不定，从而使他们不能认清自己要走向哪里。

我们知道，企业生态环境，是一种有限和有价值的资源，必须坚持一要积极保护，二要慎重改良的原则。积极保护是扬其长，防止竭泽而渔的掠夺性开发。比如对“忍辱负重、埋头苦干”的群体心理，就应该充分重视其无私奉献的精神内核，鼓励“负重”“苦干”的光明面；不鼓励，就会鞭打快牛，让老实人吃亏，使现存的老实人变成濒临灭绝的稀有物种，最终导致人文环境荒漠化。慎重改良则是避其短，在顺应规律的基础上开发利用。变是绝对的，不变是相对的。新的时代呼唤新的精神，时代的大气候变了，人文生态环境本身也要跟着变，这才能够不断发展。

把握不同层次员工的不同需要规律，施以多样化的激励方式。根据社会发展的趋势，针对不同层次员工的不同需要，施以不同的激励方式，将多样化的激励方式结合起来：

一是将正向激励与负向激励结合起来，一手抓市场经济条件下优胜劣汰意识的培养，鼓励竞争，让能者脱颖而出；一手抓企业大家庭的宽松和谐气氛的营造，淡化输赢，给所有员工公平竞争的机会。

二是将物质激励与精神激励结合起来，结合人事制度的改革，建立和完善各项规章制度，按章办事，实现以制度管人，“以数据说话，用制度管人”是现代企业运作要求的管理模式，要想建立规范性的现代企业，必须有完善的制度做保障。

三是建立科学的选才制度，通过合理化的流程，严格地把关选好人才，同时对所选的人才不断进行技能训练和岗前教育，便于提高队伍整体素质。科学管理是适宜的、有效率的组织技术手段，它能最大限度地满足企业经济与社会发展目标的要求。通过科学的组织人力资源，优化人力资源，使人才得到充分发挥，这样即使是原本平凡的人也能成为人才，最终为企业做出贡献。

那么，我们如何才能做到这些呢，企业经营者一定要对具体的问题具体分析。如果一家企业对来自五湖四海、怀着不同个人目的的员工的前进方向缺少明确的指引，就会导致企业缺少凝聚力和向心力，缺少长期持续发展的驱动力，让一些关注并特别看重“事业留人”的员工可能流失，同时企业也不能向社会昭示使命感和责任感，也难于吸引有识之士共同完成战略发展任务。

此外，企业的所有问题都应归结到管理问题，而不能只是一味在员工或下属身上找原因、找借口，否则会耽误企业的发展。决策的失误是最大的失误，决策的浪费是最大的浪费，决策过程缺乏科学化、民主化的机制必然导致经营战略在实施过程中的摇摆不定。

在企业经营者对此做出明确的认识之后，他们就能够制订出科学合理的解决办法。

解决办法一：制订企业的发展战略及其分解支撑性指标和实现路径，并研究如何有效及时地传递给每个员工。

解决办法二：在企业有关部门内设置竞争对手情报收集与处理的功能，密切关注竞争对手的行动，为决策层适时提供应对的方法和依据。

解决办法三：从制度设计入手，从根本上解决现任职管理人员不愿或不敢担当责任的问题，纳入公司的战略决策流程管理。

由此可见，身为领导只会下命令是不够的，关心下属也是你的一门必修课。下属的生活状况如何，直接影响到他的思想活动以及工作效率。一个高明的领导不仅善于任用下属，更善于通过为下属排忧解难来唤起他的内在的工作热情——主动性、创造性，使其全身心投入工作，而不是成天想着另谋高就。

美国钢铁大王卡耐基是世界上知名的管理者，他的突出特点之一就是他很善于做下属的思想工作。在他的回忆录中记载着这样一件事：一天，一个急得满嘴都是泡的年轻下属找到卡耐基，说妻子、女儿因家乡房屋拆迁而失去住所，想请假回家安排一下。因为当时人手较少，卡耐基不想马上准假，就以“个人事再大也是小事，集体的事再小也是大事”这类大道理来进行开导，鼓励他安心工作。不想一下子气哭了这位青年下属，青年下属愤愤地顶撞说：“这在你们眼里是小事，在我眼里是天大的事。我老婆孩子连个住处都没有，我能安心工作吗？”

这位下属的一番话深深地触动了卡耐基，于是他立即去找那位下属，向他道歉又准了他的假，而且后来还为此事专程到他家里去慰问了一番。

此时的卡耐基才23岁，他只是在替他父亲管理一些事务。他在回忆录上写的最后一句话：“这是员工给我在通向领导的道路上上的第一课，也是刻骨铭心的一课”。

注重员工的成长

当下明智的企业老板或许会告诉员工，迫于竞争压力，企业无法保证给予他们工作保障，但会设法帮助他们成长、给予相应的激励和奖励。这样至少能给员工带来一种工作的激情和满足感。关注和帮助员工成长，让员工与企业和团队一起成长，已经成为很多企业留住人才的重要法宝。

关注员工成长就是关注企业的未来，那么我们应该如何做到关注员工的成长呢？

一是企业薪资待遇方面，虽然不能太过于消耗人力成本，但基本的行业薪酬竞争力应该有，企业不应把人力资源当作成本中心，而应看重价值创造中心，以促进员工积极主动性来提高生产率；

二是加强员工培训，员工培训是对员工的一种福利，能够帮助员工提高能力，有利于其职业生涯发展，同时培训一方面能够增强员工归属感和凝聚力，另一方面能提高员工工作技能，这两者都是提高生产率的有效途径；

三是企业工作流程及制度的改革上面，管理者应该改革死板的官僚行政体制，增大任务目标及评价考核的灵活性，在保证效率的同时不至于给员工太大的压力使其丧失信心或者降低士气；

四是企业文化的塑造方面，高层管理者应当多多关心员工生活，关注非正式组织的发展，基层管理者应主动倾听员工的心声，使员工有被重视的感觉，从而塑造整个企业的团队协作精神。

春播才能秋收，今天我们在员工身上投入精力的多少，就决定了我们明天的收成。因此，关注员工的成长就是关注企业的未来。

福特汽车公司在这方面为我们树立了榜样。福特汽车（中国）有限公司成立于1995年10月25日，目前，福特汽车拥有位于江西省南昌市的江铃汽车（股份）有限公司30%的股份。

福特汽车公司董事长，比尔·福特曾说过："当一个市场成为福特汽车公司全局的一部分，当那里的员工成为福特全球大家庭的成员，我们就不仅仅把自己视为在这个国家做生意的外国公司，我们更要把自己当作这个国家的'公民'，一个具有国家感和责任感的公民。"

2006年，共有110名有工作经验的新员工加入福特南京分公司，而福特南京不仅为有工作经验的员工提供丰富的机遇，也为应届毕业生提供了广阔的职场天地。福特汽车在南京各项业务日益开展和扩大，为南京及其周边地区的高素质汽车人才提供了良好的职业机会和发展平台。 南京是个教育大市，在2005年11月结束的校园招聘中，福特汽车招募了28名在南京的优秀应届毕业生。现在，他们已经在各自的岗位开始实习，并将在完成高校毕业派遣手续后正式加入福特南京。他们将在第一个工作年度参加系统的福特毕业生培训项目。

福特的健康保护服务也是值得称道的。福特中国不仅为员工创造了健康安全的工作环境，还特邀相关领域的专家针对包括艾滋病、肝炎、非典型性肺炎和禽流感等疾病，为员工提供及时有效的健康培训和疾病预防讲座。

在福特公司，员工成长是企业关注的焦点。福特汽车（中国）有限公司2006年发布的企业社会责任报告中说道："在福特中国，员工的个人发展与公司的业务发展紧密相连，员工的个人发展已成为福特汽车整体发展的重要组成部分。建立和谐的雇佣关系，让员工在体会工作乐趣的同时，与福特中国共同成长，共同进步，这正是福特中国一直努力的方向。"

对员工的关爱最直接体现在对员工个人职业发展的关注。每年年初，福特公司为每位员工制订详实的工作目标；年中和年末，主管经理和员工一起对工作目标的完成状况进行评估。而且，员工的个人发展计划会与公司整体的发展目标有机结合，使员工在实现自我成长的同时，也融入公司的发展。

在生活中，福特公司的员工购车不仅能够享有公司的一次性购车补贴和月度津贴，还可以申请免息购车贷款。

员工是公司可持续发展的动力，重视员工培训是福特汽车一贯的传统。全面而丰富的培训计划贯穿始终，陪伴每一位在福特中国工作的员工。

福特汽车中国公司还为员工提供四类、近40门课程的全方位培训。首先是“平台培训”，包括一些比较基本的培训项目，让员工更多地了解公司的文化，例如新员工入职引导、诚信、基本商业知识等课程。

第二个是“技能提升培训”，这部分包括有效演讲、沟通技巧、项目管理等近20门课程。这是培训的重点内容，开这部分的培训就是为了提升全体福特员工的工作绩效。

为了培训各级管理人员的管理水平和沟通能力，公司还开展“领导力与管理培训”，在这里，员工能学到绩效管理、团队建设、督导技巧等。另外的一些像商务礼仪、公关知识、计算机技术应用等培训是由各个不同职能部门承担。

除了帮助员工规划职业和培训技能外，福特公司还有“管理层培养计划”。2006年，福特南京选拔了一批工作业绩突出的员工，他们将接受公司的管理层培养计划。通过培养计划，他们将逐步承担起管理和领导团队的职责。需要特别强调的是，福特选拔优秀员工作为未来管理人员培养的标准不是员工在公司工作时间的长短，而是他们的工作业绩。

此外，福特公司还会为员工提供丰富的业余活动机会。2006年，福特南京的员工福利委员会的工作有声有色，组建了多种文娱团队，丰富了员工的业余生活，例如组织福特南京足球队等，活动由员工福利委员会组织并给予资金支持。

如果一个企业能够做到像福特公司这样切实关注员工的点滴成长，那么相信这个企业就会成为人才的聚宝盆，人才流失的现象就会大大减少。

积极沟通

管理的本质从一定意义上讲就是沟通。管理离不开沟通，沟通渗透于管理的各个方面。良好的沟通有助于团队文化建设，有助于接纳各级员工的合理化建议，从而改进管理者做出的决策；促使员工协调有效地工作；有利于领导者激励下属，建立良好的人际关系和组织氛围，提高员工的士气。

春秋战国时期，耕柱是一代宗师墨子的得意门生，不过，他老是挨墨子的责骂。有一次，墨子又责备了耕柱，耕柱觉得自己真是非常委屈，因为在许多门生之中，自己是被公认的最优秀的人，但又偏偏遭到墨子的指责，让他感觉很没面子。

一天，耕柱愤愤不平地问墨子：“老师，难道在这么多学生当中，我竟是如此差劲，以至于要时常遭到您老人家的责骂吗？”

墨子听后反问道：“假设我现在要上太行山，依你看，我应该要用良马来拉车，还是用老牛来拖车？”

耕柱回答说：“再笨的人也知道要用良马来拉车。”

墨子又问：“那么为什么不用老牛呢？”

耕柱回答说：“理由非常简单，因为良马足以担负重任，值得驱遣。”

墨子说：“你答的一点儿也没错，我之所以时常责骂你，也是因为你能够担负重任，值得我一再地教导与匡正你。”

虽然这是一个很简单的故事，不过从这个故事中，我们却可以看出有效沟通的重要性。故事中，耕柱如果与墨子没有进行有效沟通，不理解墨子通过磨炼对他的栽培提携之意，很可能就认为是老师有意刁难他，“愤愤不平”中很可能就做出违背老师本意以及不利于团队的事情，由此，还有可能产生不堪设想的后果。

对管理者来说，与员工进行沟通是至关重要的。因为管理者要做出决策就必须从下属那里得到相关的信息，而信息只能通过与下属之间的沟通才能获得；同时，决策要得到实施，又要与员工进行沟通。再好的想法，再有创见的建议，再完善的计划，离开了与员工的沟通都是无法实现的空中楼阁。

沟通的目的在于传递信息。如果信息没有被传递到所在单位的每一位员工，或者员工没有正确地理解管理者的意图，沟通就出现了障碍。那么，管理者如何才能与员工进行有效的沟通呢？

1. 积极倾听员工的发言

沟通是双向的行为。要使沟通有效，双方都应当积极投入交流。当员工发表自己的见解时，管理者也应当认真地倾听。

当别人说话时，我们在听，但是很多时候都是被动地听，而没有主动地对信息进行搜寻和理解。积极地倾听要求管理者把自己置于员工的角色上，以便于正确理解他们的意图而不是你想理解的意思。同时，倾听的时候应当客观地听取员工的发言而不做出判断。当管理者听到与自己不同的观点时，不要急于表达自己的意见，因为这样可能会使你错失很多有用的信息。积极地倾听应当是接受他人所言，而把自己的意见推迟到说话人说完之后。

2. 让员工对沟通行为及时做出反馈

沟通的最大障碍在于员工误解或者对管理者的意图理解得不准确。为了减少这种问题的发生，管理者可以让员工对管理者的意图做出反馈。比如，当你向员工布置了一项任务之后，你可以接着向员工询问："你明白我的意思了吗？"同时要求员工把任务复述一遍。如果复述的内容与管理者的意图相一致，说明沟通是有效的；如果员工对管理者的意图的领会出现了差错，可以及时进行纠正。或者，你可以观察他们的眼睛和其他体态举动，了解他们是否正在接收你的信息。

3. 对不同的人使用不同的语言

在同一个组织中，不同的员工往往有不同的年龄、教育和文化背景，这就可能使他们对相同的话产生不同理解。另外，由于专业化分工不断深化，不同的员工都有不同的"行话"和技术用语。而管理者往往注意不到这种差别，以为自己说的话都能被其他人恰当地理解，从而给沟通造成了障碍。

由于语言可能会造成沟通障碍，因此管理者应该选择员工易于理解的词汇，使信息更加清楚明确。在传达重要信息的时候，为了消除语言障碍带来的负面影响，可以先把信息告诉不熟悉相关内容的人。比如，在正式分配任务之前，让有可能产生误解的员工阅读书面讲话稿，对他们不明白的地方先做出解答。

4. 注意恰当地使用肢体语言

在倾听他人的发言时，还应当注意通过非语言信号来表示你正在关注对方所说的话。比如，赞许性地点头，恰当的面部表情，积极的目光相配合；不要看表，翻阅文件，拿着笔乱画乱写。如果员工认为你对他的话很关注，他就乐意向你提供更多的信息；否则员工有可能把自己知道的信息也怠于向你汇报。

研究表明，在面对面地沟通当中，一半以上的信息不是通过词汇来传达的，而是通过肢体语言来传达的。要使沟通富有成效，管理者必须注意自己的肢体语言与自己所说的话的一致性。

比如，你告诉下属你很想知道他们在执行任务中遇到了哪些困难，并乐意提供帮助，但同时你又在浏览别的东西。这便是一个“言行不一”的信号。员工会怀疑你是否真正地想帮助他。

5. 减少沟通的层级

人与人之间最常用的沟通方法是交谈。交谈的优点是快速传递和快速反馈。在这种方式下，信息可以在最短的时间内被传递，并得到对方回复。但是，当信息经过多人传送时，口头沟通的缺点就显示出来了。在此过程中卷入的人越多，信息失真的可能性就越大。每个人都以自己的方式理解信息，当信息到达终点时，其内容常常与开始的时候大相径庭。因此，管理者在与员工进行沟通的时候应当尽量减少沟通的层级。越是高层的管理者越要注意与员工直接沟通。

6. 注意保持理性，避免情绪化行为

在接受信息的时候，接收者的情绪会影响到他们对信息的理解。不好的情绪会使我们无法进行客观的理性的思维活动，而代之以感性的判断。管理者在与员工进行沟通时，应该尽量保持理性和克制，如果情绪出现失控，则应当暂停进一步沟通，直至恢复平静。

建立公平竞争机制

公平竞争机制主要体现在企业人力资源管理的人力使用与管理方面。为了使企业员工有更多的发展机会，能够不断地自我学习、自我提高，企业就要为员工建立公平的竞争机制。企业在择人、用人方面应充分挖掘内部人员的潜力。因为，内部选拔有助于对参与竞争者进行全面的了解，迅速进入工作状态，节约人员招聘成本等好处。另一方面，要防止“拉关系、走后门”等不良现象。在实施过程中，应把握公平竞争的原则，使每一位员工都有晋升的机会，以促进企业内部人员的合理流动。那么企业应该如何建立起公平竞争的机制呢？

1. 企业应该公平、公开地选拔优秀人才

晋升应打破企业内部的等级界限，充分挖掘内部的人才，公开招聘、平等竞争，让有能力的人员都参与进来，才能达到良好的人力资源管理效果。

一般经过以下几个步骤：

①组织招聘人员。

②公开需要招聘的职位数量。

③公开需要招聘人员的任职资格。

④公开招聘人员的考评内容、方式。

⑤通过内部信息渠道做好宣传工作。

⑥受理员工申请。

⑦考评测试，择优录用。

⑧对录取人员的持续考察。

2. 企业应建立起公正的监督机制

要保证选拔过程中公平竞争、择优用人。除了依靠招聘人员的自觉性，人力资源管理还必须依靠民主监督机制。员工参与监督不但体现了在企业中的主人翁地位，而且更重要的是通过参与能增强员工的责任感、自信心，亲自了解企业内部管理机制及其对人才使用的价值观，从而提高员工对企业的认同感，加强员工的自律行为。民主监督体现在：员工应清楚招聘人员的资格，完整的招聘职位方面的信息，考评测试方式的公正性以及提出有建设性的见解等。这样监督机制才能起到应有的作用。

3. 企业应建立平等对待机制

公平对待是企业人力资源管理中最令人头疼的问题。员工认为是否公平由主观判断形成的，这要受其自身价值观影响，往往高估自己的贡献，看低别人的付出，即使客观上公平，也会认为不公平。一旦他们认为不公，就会产生消极抵抗心理，改变对企业的看法，也不利于企业内部良好人际关系的建立。因此，必须培养员工对公平的正确看法，并且通过相应的措施来完成，比如建立公平的绩效考评机制。

绩效考评在人力资源管理中占有重要地位，它不仅是对员工完成工作任务的确认，员工使用情况的评定。而且涉及薪金确定、晋升机会等方面，总之影响每一员工将来在企业中的发展前景。因此，绩效考评应充分把握公平、公开、公正、面向未来的原则，既要考评其现实能力，也要考评其发展潜力。

具体从以下方面进行：

①考评指标应科学、全面、易操作。

②同一工种、同一岗位考评指标应统一。

③考评人员应具有良好素质，与被评价人员无利害冲突。

④选择科学的考评方法。

⑤做好考评的宣传工作。

⑥建立相应的监督机制。

⑦科学合理的应用考评结果。

人们常说："人无信则不立。"可见人之立于社会，诚信是何等重要。

在商业社会中，这句话同样对企业具有现实意义。企业对外参与竞争需要诚信，对内吸引人才、增强员工对企业的忠诚感更加需要诚信系统和公平秩序的建立。

企业一旦建立起平等公平的竞争机制，就会在企业中产生强大的聚合力，就能够促进员工大胆地去创新、奋进，使他们在革新中无后顾之忧，在不断地实验、实践中为企业提供最新的产品技术、管理方法等，从而持续地增强企业参与竞争的优势。

制定良好的激励制度

激励涉及人们行为的原因。许多人相信所有的行为都有动机，你所做的任何事情都有理由。如果你经常上班迟到，这可能说明你的工作很无聊，或者因为你想被开除，这样就可以好好休息一下。如果用学术语言对激励下一个定义，那么激励就是指能够激发行为、引导行为的方向，并且使行为持续发生的动力。简单地讲，激励一个人就是鼓励。想要了解什么能够在工作中激励人，你必须理解以下几点：

第一点：人们愿意为工作付出多少努力（行为的唤醒水平）。

第二点：人们愿意从事的工作本质（行为的方向）。

第三点：这些行为会持续多久（行为的持续性）。

激励过程可以用于自己，也可以用于让他人付出努力。你也许会激励自己成就事业，也可能会激励他人努力工作以达到重要的目标。个人利益在激励中扮演了重要的角色。人们在做出任何行为之前都会问一下自己能从中得到什么，人们以不同的方式为自己的利益服务。即使人们做出帮助别人的行为，那也是因为这些行为可以帮助自己。比如，人们把钱无偿捐给穷人是因为这种慈善的举动会让他们觉得自己被别人需要，而且会觉得自己很有能力。

为此，为了让员工明白激励的作用，企业管理者一定要增进员工对企业的忠诚感，目的是要在企业内形成一种凝聚力，留住企业真正需要的、符合企业价值观和发展的人才，提高他们对企业的奉献精神。因此，领导者必须在企业中健全激励机制，激励的目的是调动员工的积极性，使个人潜力发挥最大化。

为了探讨工作中的激励，我们除了提高自我预期这种方法以外，寻求自己利益这一原则也适用于所有激励方法，此外我们还必须注意以下两个层次：

第一个层次：热情激情激励驱动类：

1. 发掘满足新的客户新的需求，挖掘开拓新的新兴市场份额。
2. 投资后的潜在的高收益。
3. 作为对内部产品/服务研究与开发展的投资的补充。
4. 价值链管理效率的提高，特别是供应链和客户关系的提升。
5. 发展新的商业伙伴关系。
6. 物色潜在的战略联合联盟和兼并收购的对象。

第二个层次：忧患激励驱动类：

1. 减小错失新一轮技术发展机遇的风险。

2. 防止竞争对手获得具有突破性意义的技术。

3. 推动激发公司内部人才参与胜过外部风险项目的企业。

从上述两个层次可以看出，健全的激励机制应结合企业的整体制度，从企业中清除不利于激励的因素，采取有利于激励的因素。在现实中物质激励虽有较大的激励作用，但也要避免过多采用物质激励的方式，应使物质与精神激励相结合。除了高薪外，企业具有良好的人际关系、舒适的工作环境、竞争力及发展前景等也能对人才产生吸引力。

管理大师杰克·韦尔奇在总结了一生的领导经验之后告诉我们："在你成为领导以前，成功只同自己的成长有关；当你成为领导以后，成功都同别人的成长有关；只有被领导者成功，领导者才能成功。"这句话值得领导者进行思考。

多数人喜欢有变化的而不是重复的劳动，工作要给人以责任感，使人有发挥个人思考、估计和判断能力的余地。世界闻名的麦当劳快餐有一条规矩：员工在某一岗位工作三个月以后，必须轮换，要求员工能胜任全店所有的岗位。这样不管员工换了多少次，麦当劳的风味都能保持下去，因为它是一样的温度、一样的配料、一样的质量标准……麦当劳的这种表面上的"换岗"事实上在无形之中也形成了一种激励机制。在"换岗"的过程中，员工易产生压力，有了紧迫感，他们不断地提升自己的技能以适应企业的要求，当"换岗"后的麦当劳风味依然能保持统一标准时，他们就会有一种成就感，也更愿意在工作中不懈付出。

日本员工跳槽的比率相对较少，但企业内部的流动十分频繁，一般每隔3年就要调换一次工作。员工调动包括部门内的调动、部门之间的调动、子公司之间的调动等。调动的原则是根据工作需要，如根据个人能力、特点安排更合适的工作，培养具有全局观念的干部，缓解人际关系等。但更重要的理由是在企业内部造成机会均等的竞争局面，激励人们的进取心。

相对来说，我国企业内部流动太少，企业人事部门要学习麦当劳公司、日本公司的做法，让员工在内部流动起来，把它作为人事管理的一项重要原则树立起来。

内部流动的最大好处是为各员工提供一个发挥潜能和显示才干的平等的机会，为人才脱颖而出创造了条件，为企业选拔人才、培养人才、使用人才提供了科学的合理依据。企业有各种各样的岗位，各种各样的人才，对员工来说，每个人成长的机遇是不同的，分到一个“好”工作，就比较容易出成果；分到一个“坏”工作，就可能终生默默无闻。倘若像目前一样，把每个人长期固定在一个岗位，就势必造成人才成长机会不平等。不平等的后果是少数机遇较好者可以脱颖而出，多数岗位的员工的竞争意识被挫伤了，失去了可贵的进取心。这不利于人才的成长，也有可能会埋没掉真正的人才。像目前企业普遍受人羡慕的科室管理人员、工程技术人员，很多人就没有机会谋得这个职位，而在此职的人员不见得就是最佳人选。如果定期轮换岗位，给每个人以平等的竞争机会，真正的人才就会显现出与众不同的卓越才能，用实践证明他最适合此岗。企业主管通过频繁的内部流动，就会迅速准确地发现每位员工的长处和短处，知道每个岗位的人选，实现劳动者和岗位的最佳组合。

同时，内部流动也有利于加强不同岗位之间的了解和沟通，还为培养高级的经营领导者打下了基础。如党务干部流动到行政岗位，可以学到业务知识、行政管理经验，知道完成生产任务、销售指标压力之大、工作之难。行政干部流动到政工部门，可以学会做思想工作，知道吃这碗“软指标”的饭也并非易事。车间员工流动到销售部门，知道销售员要磕多少头，说多少好话，才能拿回合同，并非想象中的那样潇洒。科室人员流动到生产车间，知道工作条件如何艰苦，强度多么大。一旦个别岗位出现空缺，企业人事部门可以从容调度，不会影响正常工作，因为很多员工都在此岗位干过，候选者多得很。

建立健全的激励机制方法不一，领导者还需在工作中不断摸索，针对不同的情况“对症下药”，由此才能真正起到激励员工的作用。

使员工产生归属感

员工的归属感对企业的发展尤为重要，能否使员工产生归属感，是赢得员工忠诚，增强企业凝聚力和竞争力的根本所在。

员工归属感是决定企业凝聚力的核心要素。所谓归属感，是指由于物质和精神两方面的共同作用，使某一个体对某一整体产生高度的信任和深深的眷恋，从而使该个体在潜意识里将自己融入整体中去，将该整体利益作为自己行事的出发点和归宿点。员工的归属感对企业的发展尤为重要，能否使员工产生归属感，是赢得员工忠诚，增强企业凝聚力和竞争力的根本所在。

员工的归属感不仅仅是一种满意度，更表现为一种团队意识、创新精神的发挥以及主人翁意识、个人能动性的体现，是员工价值观和企业价值观的高度统一。只有当员工的个人价值观和企业的价值观得到了某种程度的统一，员工感到自己的理想能与企业的实际结合起来，才会有事业成就感，有与企业一起发展的渴望，才使员工有理由相信，自己的价值会在企业的运营中得到实现，进而将自己融入企业中去，以企业的利益为自己行为的导向，归属感才会随之产生。

如果员工没有归属感，往往导致员工对企业的忠诚度大大降低。一个关于国内企业员工对企业忠诚度的网络调查结果显示：有56.59%的被调查者并不为现在所在的公司而自豪，有42.31%的被调查者表示，一旦有更高的薪水、更好的机会或更感兴趣的工作，随时都打算离开公司。

小张在一家成立了只有一年多的文化公司供职。每周的例会，老板都尽可能和公司全体员工一起握拳宣誓励志，场面很是感人。但随着对公司的日益了解，目睹了竞争的残酷，再面对老板勾勒的大好前景时，这样的强心剂对她再也不起作用了。她失去了对公司的归属感，“混一天算一天吗！等到发现有更好的机会就走人了。”

如果员工在公司里没有成就，得不到别人的认同，即使领着丰厚的薪水，他们也会考虑离开，寻找能令自己开心地工作，所以成就激励是员工激励中一顶非常重要的内容。具体来讲，可以通过以下几个方面来实现成就激励：

首先是组织激励。在公司的组织制度上为员工参与管理提供方便，这样更容易激励员工提高工作的主动性和积极性。企业要让核心员工更多地参与到在金融危机影响下企业遇到的许多难题的解决中来，越是在企业处于困境中，越需要所有员工齐心协力，共同出谋划策，共渡难关。

其次是目标激励。受金融危机的影响，企业原来的一些发展目标可能无法实现或一些计划要延缓执行，但是企业不能因此就没有明确的发展方向，还是应该制订明确的目标，并为核心员工设定一个较高的目标，向他们提出工作挑战。这种做法可以激发核心员工的斗志，激励他们更出色地完成工作。

归属感是企业凝聚力的核心。那种被企业需要、尊重的感觉会不断激发员工的创新意识；当企业有经营困难时，有归属感的员工更能不离不弃、共渡难关。一旦员工对企业产生了“依恋心”“归属感”，就会撂不下手中的工作，离不开合作的团队，舍不得未完的事业。反之，如果员工对企业不信任、没有与员工融合为一的想法，他们就不可能会以在团队中工作为荣，工作的热情和实力都不会被完全激发，只是为“工作”而工作，只会“做完”工作而不是 “完成”工作；与此同时，为了确保竞争和发展，就会有另一种情况随之产生，那就是企业的流动性会相对增大，企业的稳定和长期发展就得不到保障。

能够让员工有强大归属感的企业，必定有着科学合理的激励机制。虽说归属感最终表现为感情的依恋和融入，但任何感情都有其物质基础。员工对企业的感情尤其如此。薪金是最直接的现实回报，最有效地满足了职工的基本要求，为职工的生活提供了物质保障。与薪金不同，福利反映的是企业对员工的长期承诺，精心设计的福利还体现了企业对员工的关心和尊重，更容易使员工产生归属感。然而合理的薪酬待遇只是留住人才的基本方法。所以说，不论采取哪种手段，都是为了让员工视企业为家，留住优秀的人才。

员工对企业有了归属感，就会产生高度的信任，把企业的事业当成自己的终身事业，并表现出较强的奉献精神，这种信任和奉献不仅有利于提高企业的绩效，更会让所有阻碍企业发展的困难黯然失色。

留住优秀的人才

在金融危机期间，对于一些公司来说，留住人才是这些企业得以活下去的关键要素之一。但是在每个公司中，领导难免会面对一些"身在曹营心在汉"的不安分的员工。由于在其他地方的预期收益与发展机会优越于你的公司，他们大多选择"人往高处走"的明确策略，这对个人发展来说是无可厚非的，但是，对你的企业来说却并不公平。

你或许已经给了他们很优厚的待遇，或是为了培养他们投入了巨大的心血和财力。他们弃这些而不顾，毅然出走，对你与公司来说肯定会带来财力与人力上的损失，也是对你自尊心的伤害。

留住优秀的员工并不是一件很困难的事，只要当领导的在工作中生活上给人才营造公正平等与融洽的环境，使他们能在你的领导下获得价值感和成就感，人才便会忠心地在你的企业里勤奋工作，回报于你。

1. 把好招聘关

在招聘员工时，特别是在招聘技术或业务上的核心人员时，除了要考察他的岗位技术能力外，还要考查他的职业稳定性。我们可以从他以往的经历中，看出他个人职业的稳定性。比如，他是否经常跳槽？他跳槽的原因是什么？是因为个人发展，还是因为待遇？如果将这些问题都搞清楚了，你就基本上可以了解这个员工的稳定性如何了。

2. 满足人才的志趣

一个员工的工作表现并不总是显示了他对公司的看法。常常有这样的情形，某个员工仅仅依靠自己的才能就能够在某个岗位上工作得极为出色，而实际上他本来对这项工作毫无兴趣。

例如，在某部门有一个经理工作极其出色，不断打破销售纪录，可是他内心的梦想工作是该公司的电视部。从公司的角度考虑问题，他当然应该留在原部门，去继续创造纪录。但问题是，如果他一心要搞电视工作，其他公司满足了他的要求，他很快就会离开公司。对这个问题，非常有效的解决方法是让他同时插手两项工作。他如果确实很优异，那么参加电视部工作不会影响他在原部门的工作，相反还会拓宽他的知识面，使他继续与公司在一起，从而达到双赢。

3. 快速提升

有时候，你会有幸得到这样一个员工，其能力极高，以至于没有人怀疑他一定会沿着台阶一直升上去。问题只是，升到什么位置以及以什么样的速度上升。你在提拔这样的员工时一定要多动脑筋，因为他很可能会给你公司机构带来破坏。如果没有处理好这个问题，你不仅会失去他，同时还会得罪其他留在公司的员工。不用说，这是一个高级的烦恼，但是请不要轻视它。

一家公司曾聘用过一位年轻人在海外某部门。几个月后，他显示出非凡的能力，其上司相比之下显得黯然无光。如果将年轻人提拔到他应该的位置，那他的上司将会因为不满而破坏公司的安定。于是公司把他调到公司另一个驻外代表担任主任，充分发挥他的才能，那位年轻人实际上连续提升了三级，但公司没有人注意到他的三级跳，也没有人发牢骚。

4. 重视有前途的年轻人

在任何公司里，新聘用的那些刚刚从大学或商学院毕业的优秀生最容易跳槽。他们是公司花了很大的力气去争取的人才，他们是具有远大前程的人才。但令人悲哀的是，他们常常被公司忽略。

一个精明的、怀有雄心壮志的员工如果在加入公司后被扔在底层，被人忽视，那么他很可能就要离开你的公司去寻找另一个新天地。

解决的办法：在最初12个月，将新的雇员看成一笔投资。如果你失去他们，确实是公司的损失，因为你只好在另外一个雇员身上投资。在这12个月里，观察他们，培训他们，让他们有机会接触公司最大能力的人员，促使他们负责一些稍稍超过其能力的项目。就像一切投资一样，这一项投资你不要希望立刻就收到利润。其实，他们在你的公司时间越长，利润就越高。

5. 用个性化福利留人

想留住优秀人才，福利可以设计成个性化的，因为人才本身就是有个性的。某种福利对甲吸引力很大，对乙可能就没有任何意义。如“牙医付款方案”，为人才支付一定比例的牙科费用。甲的牙齿一直不好，当然他就喜欢这项福利，而乙牙齿好得不得了，对他而言，这项福利不仅没有任何意义，反而会使他产生不公平感。

因此，个性化福利方案必须是具有可选择性的弹性方案。自选福利方案使人才能够从组织提供的福利清单中选择自己喜欢的、实用的福利项目，形成有个人特色的福利方案。这就要求组织必须制订一个福利项目，形成有个人特色的福利方案。这就要求组织必须制订一个福利总成本上限，每一项福利计划均应包括一些可选择性项目（如住房援助、文化与教育津贴）和一些非选择性项目（如失业保险、工伤保险等）。比如，一位刚结婚的年轻人才可能会选择住房援助，而不是对他意义不大的医疗补贴；而另一位已有住房的老年员工则可能会选择医疗保障。

许多公司的福利方案都让人感到新鲜，目的当然是为了更合理地满足员工的需要，真正实现激励作用。如果员工结婚，MBA公司会给他提供气派的结婚轿车，一周新婚假和500美元的礼金，礼来公司和辉瑞公司则为员工免费提供所有药品，包括它们生产的百忧解和伟哥，世纪公司则发给员工一个舒适的座椅。

此外，工作环境好也是一种福利，对留住人才也有重要作用。上海惠普有限公司人事主管杨女士认为，良好的办公环境一方面能提高工作效率，另一方面能确保员工们的健康，使他们即使在较大的工作压力下也能保持健康平衡，所以惠普倡导“以好为本”的办公设计理念，对办公桌、办公椅是否符合“人性化”和健康原则进行严格检查。

这些福利计划和策略取得了显著成效，成了激励员工努力工作的重要法宝。员工解除了后顾之忧，更安心于工作，更乐意为企业效力，无形中增强了企业的凝聚力。

让员工没有后顾之忧

我们知道，在危机面前反应最快的群体是企业老板们，他们纷纷寻找自救——或上下游或同行“抱团取暖”，或寻求企业内部“开源节流”。反应最慢的群体是企业员工们，尤其是民营企业员工，这包括我们的销售人员，“这跟我有啥关系？”反应出奇的冷淡，最多也只是当作新闻消息，茶余饭后聊聊而已；殊不知，企业危机的背后，首当其冲的是“裁员”——就业危机，只有当真正危及自己头上时，才突然发现要珍惜，可已经来不及了。

如果我们能够防患于未然的话，企业的生存率就会高一些，但我们要做的不是裁员，而是要解决员工的后顾之忧。

那么，我们如何解决员工的后顾之忧呢？首先关心下属，打消下属的疑虑是调动下属积极性的重要方法，作为一个领导要善于摸情况，对于下属，尤其是生活较困难下属的个人、家庭情况要心中有数，时时给他们以安慰、鼓励和帮助。特别是要把握几个重要时机。如下属出差了，你就要考虑看是否要帮助安排其家属子女的生活，必要的时候要指派专人负责联系。下属或其妻子生病了要及时探望、批假或适当减轻其工作负荷，不要认为是小事情，他可以坚持工作，你就不管不问。下属家庭遭受了不幸，要予以救济缓解其燃眉之急。如果你成为一个这样的企业领导，不仅受关心者本人会感激不尽、生死效力，还会感染所有的人。在下属遇到大灾大难时，作为一位领导，不仅自己要关心施爱，而且还要发动大家集体帮助，解除下属后顾之忧。这样做特别有利于集体的团结。

摩托罗拉公司前培训主任说过：我们的（培训）收益大约是所投资的30倍。日洁公司高层领导却认为，人事管理是花钱而不是赚钱的事务，是一种应该尽量减少的开支。几年来，日洁公司一直是需要人就到市场上去招，几乎没有对员工进行过培训。重视短期投资回报率，没有树立长期人才投资回报观，于是，员工在公司里渐渐看不到希望，担心自己哪天被“炒”掉，产生惰性，这样就不能把自己的潜能最大限度地发挥出来。这也正是许多企业普遍存在的现象。

还比如，在日洁公司，人事主管无权参与公司的战略规划和重大决策。2000年，日洁公司收购一家生物制药厂，对于这项重大决策，人事主管事后才知道。很多中层领导也开始忧心忡忡，对未来的发展打下了无数问号。收购不久，由于缺乏该项生物技术的专业技术人员，不到几个月，该厂就被迫停产。可见，这种传统的认识必然造成当公司战略规划发挥作用时，却得不到人力支持的现象。

作为领导者，要充分认识到：加强与员工的交流与沟通，为员工解决后顾之忧，不是一项花费，而是一项投资，而且这种投资是有产出的，并能不断产生出更多的回报。所以，作为企业领导者，如果在做重大决策的时候，应告知员工，为员工描绘出蓝图，让他们信心百倍地参与工作，并且对于可能存在的风险，还要让其做好心理准备，并协商可行的应急方案，如此便不会像日洁公司那样，在危机到来的时候，连“佛脚”都没得抱，以至于让员工对自己的企业失去了信心。

在日洁公司，包括中国许多企业都存在着这样一种观点，认为人力资源管理只是人力资源部的事。而事实上，不论是人力资源，还是其他部门，都会被围绕“人”的系列问题所包围，人力资源的管理是全体领导者的职责。人力资源管理的大部分工作，如对员工的绩效考核、激励等，都是通过各部门完成的，人力资源部这时主要起协调作用。要想留住人才，还需要有效的人力资源开发手段、方法和技术。真正达到为员工排忧解难的目的。

企业就像球队一样，可以高薪聘到大腕球星，但是，如果这些球星以后只能同乙级队打比赛，也一定留不住他们。要想留住人才，不但需要充分发挥他们的作用，还要让他们有明确的奋斗目标，打消他们心中的各种疑虑。这就要求领导者帮助员工进行职业生涯规划，了解员工任务完成情况、能力状况、需求、愿望，设身处地帮助员工分析现状，设定未来发展的目标，制订实施计划，使员工在为公司的发展做贡献的过程中实现个人的目标，让事业来留住人才。

企业要想真正留住人才，必须树立现代的人力资源观，尽快从传统的人事管理转变到人力资源管理，设身处地地为员工着想。需要指出的是，在知识经济时代，不仅要把人力作为一种资源，而且应当作为一种创造力越来越大的资本进行经营与管理。

让员工的个人进步融入企业的长远规划之中，让企业的发展为员工提供更大的空间和舞台，让员工的进步推动企业的更大发展，让员工在企业中有自己明确的奋斗目标，感到自己在企业里“有奔头”、有价值，愿意在企业长期干下去；营造一个和谐的工作环境和人际关系氛围，让员工能够在工作中找到并享受乐趣，从而愿意留在企业里。

增强员工竞争力意识

任何组织、任何组织成员要想在激烈的国际竞争中不被老虎吃掉，永远立于不败之地，都必须有绝招——增强员工意识。因为只有增强员工意识，员工才能专门为企业量身设计“工业意识、产品意识、岗位意识”等培训教材，在整个企业建立规范化管理体系、打造基础核心竞争力活动中的不同阶段、根据不同对象，适时实施针对性和有效地培训、演练与考核，让“工业意识、产品意识、岗位意识”深入人心，自觉落实到每个员工的生产经营活动中去，变员工被迫执行“要我做”为深刻理解后“我要做”的自觉行动。

我们正处于一个激烈竞争的时代。在这个时代里，员工中“工业意识、产品意识、岗位意识”严重缺乏，是企业生产经营活动中大量重复发生低级错误，导致企业在高位风险中运行和造成惊人浪费的最重要的根本原因之一。

那么，在竞争的时代，企业集团怎样在竞争中取胜？企业员工怎样在竞争中脱颖而出？那就是增强员工意识。我们知道，只有增强员工意识，员工才能不折不扣地落实。实践证明，增强员工意识是决策的落脚点。增强员工意识出竞争力，增强员工意识出生产力，增强员工意识出创造力。

只有增强员工意识，企业领导者才能做到人尽其才。

人尽其才是用人的最高境界。在这方面，古代先哲的理论对我们仍然很有借鉴意义。齐桓公称霸的时候，有一位功不可没的宰相管仲。管仲是个足智多谋的人，早在公元前七世纪的时候，他就提出了用人的若干准则，现在选取几则有现实意义、值得借鉴的介绍给大家。

1. 不能委大任于气量狭小的下属

一般的人，难免都会嫉妒别人，这也是一种正常的心理表现，因为有时候这种嫉妒可以直接转化为前进的动力，所以不能说嫉妒就一定是消极的。但是如果嫉妒心太强了，就容易产生怨恨，觉得他人是自己前进的最大障碍，到了这种地步，往往就会做出一些过激的事情来。

俗话说：“宰相肚里能撑船。”气量太小的人，绝对不是一个好干将，因此不能对其委以重任。三国时的周瑜不能不说是一位帅才，可就是因为嫉妒心太强而栽了跟斗。

2. 有抱负的下属能帮你成就大事

所谓有抱负也就是目光相当长远，不同的人有不同的眼光，有些人比较急功近利，往往只顾眼前利益、目光短浅，虽然有时表现得相当出色，但是却缺少一种对未来的把握和规划能力，做事只停留在现在的水平上。如果领导者本身是目光远大的人，对自己的部门发展有一个明确的定位，并且需要助手，那么这种人倒是最佳选择，因为这类人最适合于被中层领导指挥，以发挥他的长处。

一个能共谋大事的合作者往往能在某些重大问题上提出卓有成效的有见地的观点和看法，这样的人是领导者的“外脑”和“谋士”，而不仅仅是助手，如果领导者能充分利用这样的下属，那么事业的发展无疑将如虎添翼。

3. 可把重任交给勤于思考的下属

勤于思考的下属往往思维比较缜密，能居安思危考虑到可能发生的各种情况和结果，而且很明白自己的所作所为；这种人往往也很有责任感，会做自我反省，善于总结各种经验教训，他的工作一般是越做越好，因为他总能看到每一次工作中的不足，以便于日后改进。虽然有时候这类人会表现得优柔寡断，但这正是一种负责任的表现。所以作为一个领导者，大可放心地把一些重任交给他。但需知道，这种人不擅冒险，没有闯劲，开拓性不足。

4. 绝不可以重用偏激的下属

过犹不及，太过偏激的人往往缺乏理智，容易冲动，也就容易把事情搞砸。这正如太偏食的人过于挑嘴，身体就不会健康一样，思想如果过于偏激，就不会成大事。这种人总是使事情走向某一个极端，等到受阻或失败，又走向另一个极端，这样永远也到达不到最佳状态。这正如理想和现实的关系，理想往往是瑰丽的，不断引发人们去追求，但如果缺少对现实的正确的认识，理想也只能是空中楼阁。

5. 不要轻易任用轻易许诺的下属

无论大事小事，一定存在着各种问题，做事情说到底也就是为了解决这样或那样的问题。如果一个人轻易就断定某件事没有任何问题，这至少表明他对这件事情看得还不够深入。这种草率的作风是极不牢靠的一种表现。如果让他来做一件重大的事情，那得到的也只能是一些失望的结果，所以这种人不可轻易相信他，否则上当的只能是你自己。

除非有十足的把握，否则一般人不会轻易做出承诺，因为事情的发展往往不以人们的意志为转移，各种无法预料的情况随时都有可能出现，所以一个负责任的人并不一定会常常许诺。还有，正是由于他的责任心，使他做了全面而系统地考虑，他才不会轻易许诺，这样的人才是可靠的，不要因为他们没有承诺而不委以重任，只要给予充分的信任，调动他们的积极性，事情多半就会成功。

遇事轻易许诺的下属，随口就答应，表现得很自信，到头来却不能完成使命。而且这种人也常常为自己轻易打下的保票找出各种理由来推诿塞责，对于这种爱轻易许诺的下属，一定不要轻易信任。

6. 拘泥小节的下属尽量少委以重任

做任何事情，有得必有失，利益上有大也有小，要想取得一定的利益，必然要舍弃一部分小利，如果一个人总是在一些小节上争争吵吵，不愿放弃的话，那最终也就难成就大业。就如做广告，很明显的一个事实，公司越大则广告也做得越大，现在很多跨国集团所创的世界名牌，都是长年累月广告效应的成果。有些品牌一年的广告费就高达几个亿，但是它们的利润却比这高出好多倍。在某种意义上，这种小节不拘得越多，所获得的回报也就越多。

7. 可将重担交给少言寡语的下属

口若悬河、滔滔不绝的下属未必就是能担当大任的人，而且这种人通常并没有什么真才实学。他们只能通过口头的表演来取悦于别人，抬高自己。

真正有能力的下属，只讲一些必要的言语，而且一开口后就常常能切中问题的要害，这种人往往会谨慎小心，观察问题也比较深入细致，客观全面，做出的决定也实际可靠，获得的成果也就实实在在。所谓“真人不露相，露相非真人”，讲的就是这个道理。

所以，领导者应该注意一些少言寡语的人，因为他们的声音往往最有参考价值。切不可被一些天花乱坠的言语所惑，这也是一个成功的领导者所应该具有的鉴别力。

提高企业员工的积极性

由于人是生产力三要素中最活跃的、员工是企业人力资源的全部，而人力资本是最重要的资本，因此，只有将人力资本与企业的物质资源有机结合起来，企业才会有效地创造财富，才会有经济效益和社会效益。

现在我国已逐步进入知识经济时代。在知识经济时代，人力资源，尤其是优秀人才被放在了一个空前重要的位置，越来越多的国家和企业相信人才是企业成功的关键，并不遗余力地改进和实施更有效的人才政策。在知识经济时代，企业迫切需要大量的知识型员工，满足越来越激烈的市场竞争的需要。谁拥有知识型、复合型员工，谁就会在市场竞争中站稳脚跟，获得成功。

员工的素质与活力则成为企业发展的根本动力。企业的发展需要有一支训练有素、具有较强执行力的员工队伍的支持，同时，在企业发展过程中，要想提升员工的竞争力就要不断发展、提高员工素质，调动员工的积极性、主动性。只有这样，企业才能在竞争中发展壮大。

调动员工积极性对企业具有重要的意义：

首先，发挥员工的积极性和创造性，能够推动企业不断发展。现代企业提倡人本管理思想，提出企业管理要以人为中心，尊重人、关心人，调动人的积极性、依靠全体员工发展企业。

其次，调动员工的积极性、主动性，才能提高员工的执行力，从而提高企业的经济效益。在市场经济条件下，企业的目标应始终围绕“顾客”这一中心做文章。也就是说，企业应使其提供的产品或劳务让顾客满意。企业管理者是否遵从这一管理之“道”，将是企业成败的关键。与顾客直接接触的是企业的员工，因而企业员工的表现直接影响顾客的满意程度，从而影响企业经营状况。

最后，企业的成功，取决于把员工的积极性和才干与企业的目标结合起来。

提高企业员工的积极性，让员工在竞争中做得更好，需要对企业员工进行分类，以便对各类员工分别采取各种不同措施。按员工工作性质可以分为：

1. 基层工作人员（包括车间生产工人和基层管理人员）；

2. 中层管理人员；

3．高级领导人员。

那么作为管理者应该如何做才能调动起员工的积极性呢？

企业的发展需要员工的支持。管理者应懂得，员工决不仅是一种工具，其主动性、积极性和创造性将对企业生存发展产生巨大的作用。而要取得员工的支持，就必须对员工进行激励，调动员工积极性是管理激励的主要功能。建立有效的激励机制，是提高员工积极性、主动性的重要途径。

一个有效的激励机制需要进行设计、实施。激励机制设计重点包括4个方面的内容：一是奖励制度的设计；二是职位系列的设计；三是员工培训开发方案的设计；四是其他激励方法的设计，包括员工参与、沟通等。设计好一套激励机制后需要进行实施，以检验激励机制的有效性。

一套有效的激励机制，包括各种激励方法和措施，归纳起来有以下几个方面：

1．薪酬

物质需要始终是人类的第一需要，是人们从事一切社会活动的基础。所以，物质激励仍是激励的主要形式。就目前而言，能否提供优厚的薪水（即货币报酬）仍然是影响员工积极性的直接因素。然而，优厚的薪水不一定都能使企业员工得到满足。通常企业的薪酬体系不能做到内部公平、公正，并与外部市场薪酬水平相吻合，员工便容易产生不满情绪。员工的这些不公平感不能及时解决，将会直接影响员工工作积极性，出现消极怠工、甚至人才流失的现象，从而影响到企业产品和服务的质量。有效解决内部不公平、自我不公平和外部不公平的问题，才能提高员工满意度，激发员工积极性。怎样才能解决这些问题呢？通常在薪酬决策时应综合考虑岗位相对价值、薪资水平、个人绩效三要素，以它们作为制订工资制度的基础。通过以上三要素的有效结合，可以使员工预先知道做得好与差对自己的薪酬收入具体的影响，有利于充分调动员工积极性，并使员工的努力方向符合公司的发展方向，推动公司战略目标的实现，使公司经营目标与个人目标联系起来，实现企业与个人共同发展。

另外，员工持股制度也可以作为一项薪酬激励机制。美国500强中，90%企业实行员工持股。员工持股究竟有什么作用？第一个作用是激励员工努力工作，吸引人才，提高企业的核心竞争力，同时是金手铐，起留人的作用。有没有长期的利益激励，对人才的牵引作用是有很大影响的。第二个作用是能够获得资金来源。员工持股目的实际上是全体员工承担风险，把企业做大，因为从这方面讲，员工持股有积极的影响。

2. 制度

企业的运行需要各种制度，同样，对员工进行激励也要制订出合理的制度，才能有效调动员工的积极性和主动性。

奖惩制度：表彰和奖励是员工努力或积极性最重要的基础。高绩效和奖励之间有着密切的关系，奖励可以促使员工取得高绩效，取得高绩效后又有值得奖励的东西，两者是相辅相成，互为促进的关系。奖惩制度不光要奖，而且要惩，惩罚也是一种激励，是一种负激励。负激励措施主要有淘汰激励、罚款、降职和开除等。

竞争机制：竞争是调动员工积极性的又一大法宝。真正在企业中实现能者上、弱者下的局面。末位淘汰制是竞争机制的一个具体形式，就现阶段我国的企业管理水平而言，末位淘汰制有其可行性，建立严格的员工竞争机制，实行末位淘汰制，能给员工以压力，能在员工之间产生竞争气氛，有利于调动员工积极性，使公司更富有朝气和活力，更好地促进企业成长。

岗位制度：即建立适当的岗位，使工作职位具挑战性。“工作职位挑战性”就是要让每一个员工都能感到他所在的职位确实具有轻微的压力。怎样才能让工作职位具有挑战性呢？有两个问题要特别注意：一是要认真搞好职位设置，二是要适才适位。

目标激励：就是确定适当的目标，诱发人的动机和行为，达到调动人的积极性的目的。目标作为一种诱引，具有引发、导向和激励的作用。一个人只有不断启发对高目标的追求，才能启发其奋而向上的内在动力。实际上除了金钱目标外，每个人还有如权力目标或成就目标等。管理者要将每个人内心深处的这种或隐或现的目标挖掘出来，并协助他们制订详细的实施步骤，在随后的工作中引导和帮助他们，使他们自觉、努力实现其目标。

3. 建立优秀的企业文化

企业在发展过程中，应有意识地通过建立共同的价值观、职业道德观，加强人力资源管理，从而统一企业员工的思想，使人们朝同一目标努力，推动企业前进。创造优秀的企业文化，就是要使企业树立“以人为本”的思想，尊重员工的价值和地位；使员工树立“主人翁”的责任感。

4. 情感激励

人本主义心理学家马斯洛，在其《动机与人格》一书提出了人的5种层次的不同需要，这5个方面的内容：基本生活需求——安全感——归属感——地位与尊重——自我实现。企业要努力满足员工的各项需求，如提供稳定可靠的就业，满足员工的生活需求和安全感。归属感是指员工在企业中能有家的感觉，在这一层次上感情、人文因素要大于经济因素。人员之间的密切交往与合作、和谐的上下级关系、共同的利益等都有助于增强员工的归属感，而员工的归属感是企业凝聚力的基本条件。地位与尊重是指人的社会性使每个人都要求得到社会的承认与尊重。在当前的社会中，经济收入和职位往往是社会地位的一种体现。自我实现是指当前面的需求基本得到满足以后，人们将产生进一步发展、充分发挥自己的潜能的需求，即自我实现。人在这5方面的需求层次是逐步加深的，只有满足了前一层次的需求后，才会追求更高层次的需要。这5个方面除了基本生活需求外，其他4个均为情感需要，因此，情感激励对调动员工的积极性、主动性具有重要的意义。关于情感激励的方式有很多，主要有以下这几种：

尊重激励：所谓尊重激励，就是要求企业的管理者要重视员工的价值和地位。如果管理者不重视员工感受，不尊重员工，就会大大打击员工的积极性，使他们的工作仅仅为了获取报酬，激励从此大大削弱。尊重是加速员工自信力爆发的催化剂，尊重激励是一种基本激励方式。上下级之间的相互尊重是一种强大的精神力量，它有助于企业员工之间的和谐，有助于企业团队精神和凝聚力的形成。因而，尊重激励是提高员工积极性的重要方法。

参与激励：现代人力资源管理的实践经验和研究表明，现代的员工都有参与管理的要求和愿望，创造和提供一切机会让员工参与管理是调动他们积极性的有效方法。通过参与，形成职工对企业的归属感、认同感，可以进一步满足自尊和自我实现的需要。

工作激励：工作本身具有激励力量！为了更好地发挥员工工作积极性，需要考虑如何才能使工作本身更有内在意义和挑战性，给职工一种自我实现感。这要求管理者对员工工作进行设计，使工作内容丰富化和扩大化。何为工作内容丰富化？西方学者提出了5条衡量标准，也就是说要让员工找到5种感觉：

一是要让员工能够感觉到自己所从事的工作很重要、很有意义；

二是要让员工能够感觉到上司一直在关注他、重视他；

三是要让员工能够感觉到他所在的岗位最能发挥自己的聪明才智；

四是要让员工能够感觉到自己所做的每一件事情都有反馈；

五是要让员工能够感觉到工作成果的整体性。

培训和发展机会激励：随着知识经济的扑面而来，当今世界日趋信息化、数字化、网络化，知识更新速度的不断加快，使员工知识结构不合理和知识老化现象日益突出。通过培训充实他们的知识，培养他们的能力，给他们提供进一步发展的机会，满足他们自我实现的需要。

荣誉和提升激励：荣誉是众人或组织对个体或群体的崇高评价，是满足人们自尊需要，激发人们奋力进取的重要手段。从人的动机看，人人都具有自我肯定、光荣、争取荣誉的需要。对于一些工作表现比较突出、具有代表性的先进员工，给予必要的荣誉奖励，是很好的精神激励方法。荣誉激励成本低廉，但效果很好。

建立合理有效的激励制度，是企业管理的重要问题之一。国内企业，虽然近年来越来越重视管理激励，并尝试着进行了激励机制改革，也取得了一定的成效，但在对激励的认识上还存在着以下一些误区：

（1）激励就是奖励

激励，从完整意义上说，应包括激发和约束两层含义。奖励和惩罚是两种最基本的激励措施，是对立统一的。而很多企业简单地认为激励就是奖励，因此在设计激励机制时，往往只片面地考虑正面的奖励措施，而轻视或不考虑约束和惩罚措施。有些虽然也制订了一些约束和惩罚措施，但碍于各种原因，没有坚决地执行而流于形式，结果难以达到预期目的。

（2）同样的激励可以适用于任何人

许多企业在实施激励措施时，并没有对员工的需求进行认真的分析，"一刀切"地对所有人采用同样的激励手段，结果适得其反。在管理实践中，如何对企业中个人实施有效地激励，首先是以对人的认识为基础的。通过对不同类型人的分析，找到他们的激励因素，有针对性地进行激励，激励措施最有效。其次要注意控制激励的成本，必须分析激励的支出收益比，追求最大化的利益。

（3）只要建立起激励制度就能达到激励效果

一些企业发现，在建立起激励制度后，员工不但没有受到激励，努力水平反而下降了。这是什么原因呢？其实，一套科学有效的激励机制不是孤立的，应当与企业的一系列相关体制相配合才能发挥作用。其中，评估体系是激励的基础。有了准确地评估才能有针对地进行激励，我们须反对平均主义、“一刀切”，否则激励会产生负面效应。

培养员工良好的纪律性

纪律的英文单词是discipline，它还有一个意思是训练，可以这么说，好的纪律可以训练员工良好的工作习惯和个人修养，而当一名员工已经具有了良好的自制力和明辨是非的判断力的时候，纪律对于他个人来说，可以被视为是不存在的。纪律的真正目的正在于此——鼓励员工达到工作既定的标准。基层管理者应该把纪律视为一种培训形式。那些遵守纪律的员工们理应受到表扬、提升，而那些违反了纪律或达不到标准的人理应受到惩罚，让他们清楚自己的行为是错误的，并且认识到正确的表现和行为应该是什么。对于大部分员工来说，自我约束是最好的纪律，他们清楚理解了纪律本身的意义，即保护他们自己的切身利益，所以管理者不必亲自出面严明纪律。当需要强制实施惩罚时，是管理者和员工的共同错误造成的后果。正是因为这个原因，一名管理者应该在其他地方的努力不能奏效的情况下才借助于纪律惩罚，尤其应该澄清的是纪律不是管理者显示权威和权力的工具。

员工们许多不良表现都会成为管理者们进行纪律惩罚的原因。对于一般的违纪行为，它们的形式和性质都不会有太多的不同，不同的只有它们的程度。人们常常会忍受一些轻微违反标准或规定的行为，但当犯了大错误或屡教不改时就需要立刻采取明确的纪律惩戒。人们违反纪律会有很多原因，他们大多数是因为不能很好地调整适应。导致这些后果的个性因素包括马虎大意、缺乏合作的精神、懒惰、不诚实、灰心丧气等，所以管理者的工作是帮助员工们做好自我调整。当管理者是个明辨事理的人时，他会真诚地关心员工，使员工们在工作的同时享受到更多的乐趣，逐渐减少自己的违纪行为。如果一名员工面对的是一位一天到晚拉长着脸、讲话怪声怪气、动辄以惩罚别人为乐趣的无聊的管理者，他找一些迟到早退的借口、脱离虎口、还会是出人意料的吗？

在许多情况下，管理者不得不出面向周围的人做出解释，对破坏纪律的行为进行惩罚。当不得不惩罚某人时，纪律作用的发挥是十分消极的，但是如果能通过建设性的批评或讨论来让员工们按管理者希望的那样去做，这就是积极的。不难看出，积极的作用与消极的作用比起来优势要多得多，管理者们在能够行使权力的同时，要以发挥的积极作用作为指导，尽量让员工们有一个自我改正的过程。

循序渐进地处理违纪问题是达到以上目的最有效的手段之一。

渐进式纪律由此而得名。其含义为随着情况的持续发展，或违纪事件的屡次发生，对不达标的工作或违纪行为的惩罚会越来越严厉。一般说来，第一次违纪可以宽恕——只要后果还不算太严重，可以以口头警告的方式予以批评；对第二次违纪行为应该毫不犹豫地发出书面警告；对第三次违纪可以处以临时解雇或停职，这将是员工最后一次挽救自己的机会；对第四次违纪（或极其严重违纪）者，管理者们也只有在万般无奈的情况下，将他们予以开除。纪律惩罚无论对员工还是对管理者来说同样是不愉快的经历。但管理者们不该出于面子上的考虑而对违纪行为视而不见，否则，会激起所有员工的反感。因为没有惩戒的纪律是不足以称之为纪律的，当违规者由于违反原则而获得更多的个人补偿的时候，如何去说服一个本本分分遵规守矩的员工坦然接受自己的损失呢？所以，纪律的游戏规则就是公正。

另外一个良好的纪律准则可以用“烫炉原则”来形容。换言之，是用于烫炉有关的四个名词来形容纪律准则：

预先预告原则。如果炉火是滚烫的，任何人都会清醒地看到并认识到一旦碰一下就会被烫着。

即时原则。即如果谁敢以身试法，将手放在火红的炉子上，立即就会被烫伤——即被惩罚。

一致性原则。简单地说，就是保证任何人每次傻乎乎地用手触摸火炉肯定都会被烫着，不可能会有一次例外。这样的纪律准则应该是很严密的。

公正原则。即任何人，不论男女老少，不论地位有多高，名声有多么显赫，只要用手触摸火炉，保证会被烫着——炉子可不会见风使舵，因人而异。

以上四个原则实际上是对管理者提出的四条执行违纪惩罚的准则。但是真正实施起来，还要落实在行动上。具体行动的核心是与违纪员工进行面对面地交谈，以下几条是必备的步骤：

第一个步骤：把事实讲明白。明确地告诉违纪的员工，他的违纪行为造成了什么样的后果，让他认识到严重性。

第二个步骤：要求员工对违纪行为做出解释。大部分人不会痛快地承认自己的过失，这可以有助于管理者进一步了解情况。

第三个步骤：要求员工提出解决方案。可以让他站在管理者的角度上提出解决意见，可以进一步增进相互理解。

第四个步骤：确定解决计划。可做一些有效地商讨——不是争吵，确定出一个切实可行的补救计划方案。

第五个步骤：进行惩罚。口头警告、书面警告，或是别的什么方式随管理者的便，但不要忽略这一环节。

第六个步骤：要求再次检查。确定的补救计划不能就这么石沉大海，需要知道它到底执行得如何。

20世纪70年代，日本伊藤洋货行的董事长伊藤雅俊，将三顾茅庐请来的一雄给解雇，是因为他的东西全部被榨光了，已没有利用价值。在舆论的猛烈攻击下。伊藤雅俊却理直气壮地反驳道："纪律和秩序是我的企业的生命，不守纪律的人一定要处以重罚，即使会因此降低战斗力也在所不惜。"

那么真相到底是怎样的呢？

现任管理者岸信一雄是由"东食公司"跳槽到伊藤洋货行的。因过去伊藤洋货行是以从事衣料买卖起家的，所以食品部门比较弱。因此伊藤才会从“东食公司”挖来一雄，“东食”是三井企业的食品公司，对食品业的经营有比较丰富的经验。于是有能力、有干劲的一雄来到伊藤洋货，宛如是为伊藤洋货行注入一剂催化剂。

事实是，一雄的表现也相当好，贡献很大，十年间将业绩提升数十倍，使得伊藤洋货的食品部门呈现一片蓬勃的景象。

但从一开始，一雄和伊藤间的工作态度和对经营销售方面的观念即呈现极大的不同，后来裂痕越来越深。一雄是属于海派型，非常重视对外开拓，常支用交际费，对员工也放任自流，这和伊藤的管理方式迥然不同。

伊藤是走传统、保守的路线，一切以顾客为先，不太与批发商、零售商们交际、应酬，对员工的要求十分严格，要他们彻底发挥他们的能力，以严密的组织作为经营的基础。这种类型的伊藤当然无法接受一雄的豪迈粗犷的做法，伊藤因此要求一雄改善工作态度，按照伊藤洋货行的经营方法去做。

但是一雄根本不加以理会，依然按照自己的做法去做，而且业绩依然达到水准以上，甚至有飞跃性的增长，充满自信的一雄，就更不肯修正自己的做法了。他说：“一切都这么好了，证明这路线没错，为什么要改？”

如此，双方意见的分歧愈来愈严重，终于到了不可收拾的地步，伊藤只好下定决心将一雄解雇。

这件事情不但是人情的问题，也不尽如舆论所说的，而是关系着整个企业的存亡的问题。对于最重视秩序、纪律的伊藤而言，食品部门的业绩固然持续上升，但是他却无法容忍“治外法权”如此持续下去，因为，这样会毁掉过去已辛苦建立的企业体制和组织基础的。从这一角度来看待这件事件，伊藤的做法是正确的，纪律的确是不容忽视的。

作为企业管理者，要善于用严明的纪律去约束员工行为，让其自觉规范言行，适应企业发展需求，为企业做出贡献。

适合的管理制度

为什么制度没有神圣性？为什么团队对规则没有敬畏感？核心的原因是领导的权力已经大过了制度的威力。在很多的企业中，不是制度说了算，而是领导说了算，很多人不是看制度的规则，而是看领导的脸色。大多数的情况是领导大于制度。如果在企业一个领导的权力大，制度的威力就会变小。如果领导的权力变小，制度的威力就相应变大。所有世界最顶尖的企业一定是制度的威力大于领导的权力。

英特尔公司的总裁曾发现他的员工经常迟到，扣工资也解决不了问题。最后总裁想了一个办法，他每天第一个到公司去上班，然后就在门口进行迎宾。那些迟到的人员看到总裁到门口欢迎自己上班，发誓明天不再迟到，那些早到的员工看到总裁比自己都早，明天一定要比总裁到的早。渐渐地，所有那些早到的和迟到的员工都有一个共同的决定，就是要比总裁早到，这样延伸下去，总裁就是最后一个来上班的了。

身先足以率人，律己方能服人。如果你不身先又不律己，怎么能够服人，怎么让人能够产生对制度的敬重呢？所以有很多的企业，会出现一个重要的问题：员工迟到他耿耿于怀，领导迟到却往往找一堆的理由和借口不予处罚。

有很多企业的领导者说："我跟我的员工不一样，他们每天晚上下班就走了，有时候我要应酬客户，往往通宵达旦，所以早上晚来一会儿也无可厚非。"试想，如果管理者晚上弄到凌晨四点，你的员工都没看见，你早上迟到了或者没有到场，你的员工全都看见了。你让自己的权力大于制度，那么以后还怎样重拾员工对你的信任呢？一家知名公司的高管每个礼拜一早上，总监以上的人全部到公司，站在楼底下进行"迎亲"（迎接同仁上班）。每当礼拜五，所有的高管在"送亲"。他们总是礼拜一最早来的人，礼拜五最后走的人。不要小看了这个举动，企业管理者不妨在你的公司尝试一下，假设每个礼拜一，总经理、总裁、董事长都在门口迎接员工上班，员工是什么感觉？礼拜五的晚上，董事长、总裁、总经理欢送他们下班，离开你的企业，这又是一种什么样的感觉？相信这种感觉会非常美好！

在企业中，领导经常要求产品不打折，结果找到领导最后却打折了；很多领导要求下属开会期间不允许接打电话，结果开会期间领导接了电话，有些领导一边拿着电话，一边说："对不起，我这个电话比较重要。”这样一来，你的执行威力、制度威力就永远出不来。

建议管理者设定一个制度，以后每次开会，在正前方放一个洗脸盆，里面盛满水，谁手机响起，直接把那个手机扔进洗脸盆。在制度执行的第一天，早上的时候，你就跟太太说：“太太，今天早上我九点开会，您九点十分给我打电话，如果没有听到我的回答，您听到水声，恭喜您，配合成功。”

这样下一次你再开会，把洗脸盆在那里一放，你就不用提醒大家关手机，他一看到洗脸盆，就赶紧给手机关掉了。你这一次损失掉一个手机，未来避免的损失可能是几百部、几千部、几万部手机所创造的价值所带来的收益。

领导权力大，制度的威力就小；领导权力小，制度的威力就大。领导的权力与制度的威力成反比。所以你弱化了领导，就强化了制度；你强化了领导，就弱化了制度。

所以为什么在很多的企业中，老板在就有执行力，老板不在就没有了执行力，因为很多人无视制度，只看重老板。如果一个企业想从人治到法治，而让法治产生威力，最重要的一个关键就是，淡化领导的威信，即强化制度的威信；弱化领导的权力，即强化制度的威力。只有这样，你的员工才会有自觉性、约束力，而未来你的公司才会通过硬性的制度，省时省力、快速有效地拿到你想要的成果。

做到公正、公平、公开

作为一名领导，只有充分了解下属的心理愿望，一视同仁，公平公正，大度无私，才能最终赢得下属的信赖，使下属与你同舟共济，并心甘情愿地受你的领导。

那么作为领导应该怎样做才能保证一视同仁呢？

第一，领导者要摒弃私心

你自己或许还没感觉到，自从晋升领导后，你的自尊心就随之增强了，常常莫名其妙地感到自己被忽视了。别人一说悄悄话，或在暗中商讨事情、组织活动，你就会觉得不是滋味，感到自己被“架空”了，或者是在和自己作对，因此对下属产生偏见，以至于影响了工作。某领导班子由一正二副组成，两个副手，一个分管业务，一个专管行政事务，主管全面负责，三驾马车，可以说是搭配得当，四平八稳。但领导却总觉得自己有职无权，甚至疑心两个副手串通好了，故意“架空”自己。

在这种由私心造成的阴暗心理影响下，为了显示自己的权力，他就故意采取了凡是副手赞成的事，他就反对；凡是副手反对的事，他就赞成的做法。这样一来，不但影响了工作，而且三驾马车很快就颠覆了。这是滥用权力、以私害公的典型例子。

以私害公的另一种典型情况是任用私人。任用私人和任人唯亲的情况不完全一样。谁都知道，任人唯亲是有害于工作的。有的主管认为：“我是任人唯贤的，同样的贤能，我为什么不任用亲近我的人呢？”这么想便错了。任人唯贤，就是说“贤”是唯一的标准，不能再有其他标准。你在贤能之外还看他与你亲近与否，这就不是“唯贤”，而是二元标准了。尽管这比任人唯亲的一元标准好多了，但仍是不对的。

人是感情动物，对自己所亲近的人，难免因为感情关系密切而易于看到优点，不易看到缺点。所以，你认为“贤”其实未必就“贤”。就算确实“贤”，别人也照样不服气：“为什么同样贤能，他能上，我不能上，还不是因为他有靠山？”真是不“贤”的人，影响就更坏了。人人都会这样想：“看来还是私人关系管用，我们再卖力气也没用！”

许多领导认为，只要不贪污、不受贿，走后门安插私人，就不算以私害公，其实不然。“私”是一种很微妙的东西，当人作为个体而出现的时候，“私”就溶化在他的血液之中。

一般来讲，私情私欲只要不膨胀到侵害别人、触犯法律，问题还不大。主管要对企业负责，主管的利益应该就是企业的利益。也就是说，你的私情私欲必须为企业利益所替代。为了不以私害公，你必须高度警惕，做许多努力，当然也要牺牲很多东西。每做一件事情，都不妨扪心自问：“这件事中，有没有我的私情在里面？”或者问一问：“这么干，别人是否会觉得我很自私？”在得到满意的答案之后，你再大胆地工作吧。

第二，领导者要懂得扶助弱小。

领导并不是表现出强制的态度就能让下属心服的，相反，身为主管必须要有敏锐的头脑，来调解下属之间的纠纷，并且从关爱的角度扶助弱小，若非如此便无法承担主管之责。

生物研究学家K·罗连斯对冠克马雨品种的乌鸦所做的研究，说明了首领的责任。

这种乌鸦有着极为明确的顺位制，从上到下每只乌鸦的地位都有一定的排列顺序，且一生不变。他们从幼鸟时期开始就互相争取地位，但只有一只能够登上首领之位。至于什么时候、什么情况之下可以决定谁是首领、谁是下阶层者，身居高位的乌鸦不会和同伴争执，反而还帮地位低下者，这样才能平息地位较低者的不满。

兽犹如此，人何以堪？动物界善于遵循“公平”的原则是不是同样值得企业管理者借鉴。

猿猴也是如此。猴群之中若有新的领袖出现，这位领袖的立场也和前述的乌鸦相似。当同伴有了争执时，能够挺身调解纠纷、扶助弱小者，就有资格成为大家的领导者。

要成为领导就必须能够顺应群体的期望，而解调纠纷、扶助弱小，正是代表了群众的期望。

对现代企业而言，受命担任主管职位的人，必须通过展现实力来赢得大家的认可，这就要从指导员工、调解员工之间的纠纷等符合员工期望的事情开始做起。

第三，领导者在处理上下级关系时要做到一视同仁。

领导在对下级关系的处理上，要一视同仁，不分远近，不分亲疏。不能因客观或个人主观情绪的影响，表现得有冷有热。虽然有的领导并无厚此薄彼之意，但在实际工作中，难免愿意接触与自己爱好相似、脾气相近的下级，无形中就冷落了另一部分下级。对此，领导要适当增加与自己性格爱好不同的下级交往，尤其对那些曾反对过自己且反对错了的下属，更需要经常交流感情，防止有可能造成的不必要的误会和隔阂。

有的领导对工作能力强、得心应手的下级，能够一如既往地保持亲密关系，而对那些工作能力较弱，或话不投机的下属，就不能够密切相处甚至会冷眼相看，这样下去关系就会逐渐疏远。

有一种倾向值得注意：有的领导把同下级建立亲密无间的感情和迁就照顾错误等同起来。对下级的一些不合理，甚至无理要求也一味迁就，以感情代替原则，把领导和同志之间纯洁的感情庸俗化。这样做，从长远和实质上看是把下级引入了一个误区。而且，用馈赠原则来维持同下属的感情，虽然一时会起点儿作用，但时间一长，“感情大厦”难免会土崩瓦解。

领导在交往中要廉洁奉公，要善于摆脱“馈赠”的绳索。无功受禄，往往容易上当，掉进别人设下的圈套，从而受制于人。有功于人，也不要以功臣自居，否则施恩图报，投桃报李，你来我往，自然被“裙带”所缠住，也会受制于人。

馈赠是加强联系的一种方式，但在交往活动中极易使主管误入歧途。因为有些馈赠的背后隐藏着更大的获取动机，特别是在有利害冲突的交往中，随便接受馈赠，等于授人以柄，让别人牵着鼻子走，这是领导者必须要时刻警惕的。

第四，领导者要做到公平合理。

既不要有偏见，也不要对人另眼相待。这两个问题，其实是连在一起的，凡是对一些人有偏见的领导，对另一些人则会另眼相待。其实，另眼相待同样有害无益。对于干得出色的下属当然是应该表扬的，该表扬的时候表扬，该评功的时候评功，但平时还是应该与其他员工一视同仁的。

也就是说，他靠工作出色地得到了他应该得到的东西，其他方面还是同别人一样。别人若像他一样工作，那也能赢得所应该得到的东西。这里强调的是工作，突出的是公平。如果你把一切特权都授予了他，甚至对他做错的事也睁一只眼、闭一只眼，那么，你让别人怎么向他学习？

另眼相待所造成的特殊化，使他和其他人员有了差距和隔膜，别人反而无法也不想向他学习了。人们会因为妒忌、仇恨而消极怠工：他既然这么得宠，为什么不把所有的工作都让给他去做呢？我们忙什么劲儿！

所以领导者一定要给下属一种公平合理的印象，让他们觉得人人都是平等的，机会也是均等的，他们才会奋发，才会努力。这样做，对做出成绩的人会有好处，有助于他戒骄戒躁，不断上进。对女性下属和体弱的下属也不能另眼相待，确实是不适合女性工作的岗位，干脆就不要安排女性。既然安排了女性，就要同工同酬。体弱的下属也是一样，要么明确规定是半休，在规定的时间内也要和其他职员一样工作，作为企业是一个集体场合，要有一种工作气氛，有几个闲散的人在一边也可能会影响士气。

明白了以上几点，最重要的一步就是领导者能将这些方法灵活地运用到管理实践中，从而调动员工的积极性，从而提升企业的活力。

提升企业执行力

如何提升企业的执行力？怎样提升员工的执行力？作为管理者，我们经常会遇到这样的问题。执行力，有利的执行才是有力的。执行力是企业的核心竞争力！我们执行的过程中会遇到一种情况，当方向错误的时候，执行力越有力，往往死得就越快。光有满腔热情，满心干劲是不够的。下面来分析一下造成“执行不力”的一些因素，希望对我们今后提升企业员工执行力有所启发。

1. 目标不确定

大家还记得高露洁的广告词吗——“我们的目标是没蛀牙”。目标很明确，把目标再放大令牙齿更加坚固。

“去屑只选海飞丝，男士护肤专家妮维雅。”有了明确的目标，做事情才有方向。

所以在谈执行力的时候，先明确我们要做什么，正确定位目标后，目标可以放大，具体可将目标设定为“初级目标”“中级目标”和“超级目标”。

从基本目标推进到挑战性目标，有了方向和具体数量指标后，才能发挥执行者的作用。对于执行力来讲，目标既是牵引力，也是驱动力。

2. 战略不清晰

战略的制订往往是由中高层领导在企业建立初期就开始的，如果没有清晰而专注的战略，是执行不力的重要原因，今天换一个方向，明天换一种战略，后天估计迷失方向了。

美国原零售业巨头凯玛特公司，起初从事低端的产品销售，在遭遇零售业巨头沃尔玛公司的竞争打击后乱了阵脚，于是改向经营高端百货产品，在这一领域却又不敌国际第四大零售商塔吉特（Target）的竞争，结果这家曾经是美国第三的零售业巨头凯玛特在战略上迷失了方向而走向失败。

凯玛特的失败表明，战略不是一朝一夕就可以随便改着玩的，不清楚自己的战略将会给企业带来沉重的代价。

3. 团队不合作

中国企业执行力较低的主要原因——没有团队合作精神，也印证了“一个和尚挑水喝，两个和尚抬水喝，三个和尚没水喝”的道理。团队不合作，内部不团结，是提升企业执行力的一大障碍。无论多大的公司，内部出现对比是件很忌讳的事儿，整天在“这是他们的工作”“这又不关我的事”“他们什么怎么样”等环境下，怎样提升企业员工执行力?

4. 渠道不畅通

渠道不畅通（沟通不到位）包括两个方面：

一是从上而下传递的渠道，问题通常出在中层管理者身上，这是由于当高层制订的政策中涉及不利于中层的利益时，中层管理者出于本位主义，而使得信息传递不全或走样，结果执行力在中层就遭遇障碍；

另一种渠道是由下而上的信息反馈通道，即基层人员在执行中碰到的问题没有及时向上反映或在中层遭遇障碍，存在的问题得不到及时地处理和解决，结果不畅通的渠道影响了执行力。提升企业员工的执行力，从畅通渠道着手。

5. 指令不明确

高层没有清晰地将战略和目标传递给中下层，导致执行层面不了解所要执行的命令，执行中必然打了折扣。提升企业员工的执行力，从企业高层领导的决策开始。

6. 文化不务实

企业文化就是文化的个性，把自己的企业与别的企业区别开来的特有物质就是企业文化。企业文化不用太玄虚，刻意追求华而不实的文化不但不利于执行，反而有害于执行。

7. 结构不合理

机构臃肿，结构混乱，职责不清，“学非所用，用非所长”，导致组织机构不合理，分工不明确，互相扯皮推诿，工作效率低下。合理规划企业结构，打破“外行人指导”的怪例。

8. 人员不到位

没有合适的人合适的事情，令项目无法开展。员工的执行力源自对所从事事物的认知力。试想，让美工编去写程序代码做广告文案，结果会一事无成。缺乏应有的人才，致使员工执行力得不到提升。

9. 职责不清楚

每个部门、岗位职责不清楚。领导有任务就分摊，员工没有清晰的职责范围，导致执行不力无从完成本职工作。明确自身岗位职责，屁股决定脑袋。

10. 培训跟不上

美国一项统计表明：企业每增加1美元的投入，就会增加3美元的产出。所以许多企业都十分重视人员培训，很多企业都不惜重金设立自己的内部学院。

一些企业总是怀疑员工培训的意义和价值，老板花钱吃饭和请客送礼大方得很，可一提培训和学习却吝啬得像守财奴。

学习型组织高调唱了二十几年了，试问有几家中国企业真正理解学习型组织的真谛且切实建立起学习型组织呢?

11. EQ不过关

EQ包括情商、信念、心态、毅力、激情等。很多时候，学历高的人往往想法太多，聪明过头，不但过头、光说不练，而且瞻前顾后，遇到问题总是为自己找退路，结果很多事情半途而废。而学历低的人没有退路，服从命令，听从指挥，逼着自己往前冲，反而能成功，执行力也很强。组织整体也是如此，提升执行力，把握好企业用人这一关。

12. 轻重分不清

眉毛胡子一把抓，没有关键和重点，没有先后顺序和轻重缓急。企业应遵循“二八”效率原则，即抓重点。清晰了重点环节和轻重缓急，有的放矢，执行效率才能更好地发挥出来。

13. 跟踪不到位

我们经常听到有的领导说的一句话：“不管过程，只要结果”，这是一个错误的观点。在执行过程中遇到的问题跟踪不到位，问题就会拖沓延长，结果当然执行不力。提升企业员工执行，需要贯穿一条线跟踪到位，不能当靠“结果导向”解决问题。

14. 标准不统一

什么样的结果才是合格？怎么做才是满意的？往往缺乏相应的考核标准，使员工在执行过程中感到困惑。将执行目标层层分解，并制订每个岗位的考核标准，才能使执行者有一个执行的参照系和对照标准，不至于出现滥竽充数、蒙混过关的现象。

15. 奖罚不分明

做多做少一个样，结果人人自求利益，工作无冲劲，执行没力气。合理的激励机制是提升员工执行力的重要法宝。

16. 素养不忠诚

企业执行力不强，与员工的职业素养有很大的关系。在中国，大多数企业（特别是民营企业）员工的职业素养都不太好，员工是抱着打工的思想工作，而不是以主人翁的姿态工作。为什么许多日本企业实现了员工终身制？这与职业素养有关，日本人到了一家企业就把它当作自己的家，只要是公司的事，就是我的事。

所以老板为他们提供终生的职业，当然公司提供的福利也让他们能安心为企业服务终生。

执行力问题是每一个企业都十分关注的事，如何提高执行力，这是每一个企业或是老板最为关注的问题，提高执行力是需各方面、各级管理人员努力去做的一件事。员工执行力就是保质保量地完成自己的工作和任务的能力。

员工执行力的强弱取决于两个要素：

一是个人能力；

二是工作态度。

就是说要提高员工的执行力，必须从以下两个方面着手：

首先要提高员工的工作能力。没有工作能力是不可能按照领导的要求保质保量地完成工作任务的。要提高员工工作能力，应做好四个方面的工作：

一是员工自身必须加强学习，提高自身素质；

二是企业应有步骤、有计划、分阶段地以培训进修、轮岗锻炼、工作加压等手段帮助员工进行自我提高；

三是企业要进行现有员工价值、潜力的开发。要让员工发现问题，并在发现问题之后主动思考问题，解决问题，企业要不断挖掘员工自身的潜力和价值；

四是选拔合适的人，让他在合适的工作岗位上工作，对不称职的岗位人员进行调整或者解聘，这都有助于员工整体能力的提高。

其次，要转变员工的工作态度。态度不够积极，是造成员工执行力弱的主要原因。态度是内心的一种潜在意志，是个人能力、意愿、想法、价值观等在工作中所体现出来的外在表现。可以说，态度在一定程度上就是竞争力，积极的工作态度始终是使一名员工脱颖而出的重要砝码。

转变工作态度，主要是从以下几方面做起：

一是要注重企业文化的形成，通过建立有执行力的管理团队和严格的管理制度，使重执行会成为一种优秀文化在企业生根开花结果；从根本上让全体员工有一个良好的工作氛围，大家都有一个积极向上、要求进步的工作态度；

二是员工应持什么样的工作态度？如何做到绝不拖延？如何实现从优秀到卓越？调整心态，重燃工作激情，使人生从平庸走向杰出。不要总是认为这是小事，其实工作无小事。能把自己所在岗位上的每一件小事做成功，做到位就很不简单了。不屑于做小事的人做起事来十分消极，不过只是在工作中混时间；而积极的人则会安心工作。“以小见大”“见微知著”，从做小事中得到认可，赢得人们的信任，我们才能得到干大事的机会。结论就是把每一件简单的事做好就是不简单；把每一件平凡的事做好就是不平凡。

三是强化员工的责任心，让每一个员工明确个人的责任；让员工明确放弃自己对社会的责任，就意味着放弃了自己在社会中更好的生存机会。工作就意味着责任。每一个职位所规定的工作任务就是一份责任。你从事这项工作就应该担负起这份责任。当我们对工作充满责任感时，就能从中学到更多的知识，积累更多的经验，就能从全身心投入工作的过程中找到快乐。这种习惯或许不会有立竿见影的效果，但可以肯定的是，当懒散敷衍成为一种习惯时，做起事来往往就会不诚实。这样，人们最终必定轻视你的工作，从而怀疑你的人品。在工作上投机取巧也许会只给我们的部门带来一点点的损失，但却有可能毁掉一个人的一生。

只要是个人能力提高了，工作态度有所改观，能积极主动地去做好本职工作，提高整体员工的执行力自然是毋庸置疑的。

第三章
良好的工作氛围

与下属处理好关系

每个领导都会遇到难缠的下属，但是领导也不能草率地将其开掉。明智的领导应该懂得与下属交往的艺术，处理好与不同性格的下属的关系，这样，工作和管理起来才会更加得心应手。

1. 对喜欢唠叨的下属不要轻易表态

在工作中，我们常常能够见到这样的下属，他们无论大事小事都喜欢向领导请示、汇报，唠唠叨叨，说话抓不住主题。此外，心态方面他们常常表现得不够稳定，遇事慌成一团。

跟这样的下属交往，交代工作任务时要说得一清二楚，然后就叫他自己去处理，给他相应的权力，同时也给他施加一定的压力，试着改变他的依赖心理。在他唠叨时，轻易不要表态，这样会让他感觉到他的唠叨既得不到支持也得不到反对，久而久之，他也就不会再唠叨了。

2. 对喜欢争强好胜的下属尽量满足他

有的下属喜欢争强好胜，他总觉得自己比领导还强，这种人狂傲自负，自我表现欲望极高，还经常会轻视你甚至嘲讽你。

遇到这样的下属，不必动怒，也不能故意压制他，越压制他越会觉得你能力不如他，是在以权欺人。认真分析他的这种态度的原因，如果是自己的不足，可以坦率地承认并采取措施纠正，不给他留下嘲讽你的理由和轻视你的借口；如果是他觉得怀才不遇的话，你不妨为他创造条件，给他一个发挥才能的机会，责任在肩，他就不会再傲慢了，也让他体会一下做领导的艰辛。

3. 对待以自我为中心的下属要公平

有的下属总是以自我为中心，不顾全大局，经常会向你提出一些不合理的要求，什么事情都先为自己考虑。

有这样的下属，你就要尽量地把事情办得公平，把每个计划中每个人的责任与利益都向大家说清楚，让他知道他该做什么，做了这些能得到什么，就不会再提出其他要求了。同时要满足其需求中的合理成分，让他知道，他应该得到的都已经给了他。而对他的不合理要求，要讲清不能满足的原因，同时对他晓之以理，暗示他不要贪小利而失大义。

4. 对自尊心强的下属要多理解

还有的下属自尊心很强，性格敏感、多虑，这样的人特别在乎别人对他的评价，尤其是领导的评价。有时候哪怕是领导的一句玩笑，都会让他觉得领导对他不满意了，因而会导致焦虑，忧心忡忡，情绪低落。

遇到这样的下属，要多给予理解，不要埋怨他心眼儿小，要多帮助他、鼓励他，在工作中给他一些自主权，充分信任他，让他觉得自己能行。

作为领导，要尊重敏感的下属的自尊心，讲话要谨慎一点儿，不要当众指责、批评他，因为这样的下属的心理承受能力差。同时也要注意不要当他的面说别的下属的毛病，这样他会怀疑你是不是也在背后挑他的毛病。要对他的才干和长处表示欣赏，逐渐弱化他的防御心理。

5. 对喜欢非议领导的下属刚柔相济

几乎所有的单位都有一种下属，喜欢挑领导的毛病，议论领导的是非。这种下属常对你的一些无关紧要的小问题渲染传播，留意你的一些细节，而表面上却好像是很忠诚地为你着想。

和这样的下属相处，首先要检查一下自己本身是不是有毛病。可以多征求他的意见，让他觉得你是真诚对他的，那他就不好意思再渲染你的一些生活细节问题。对于不易感化的人，不要一味忍让，可以抓住适当的机会反击一下，让他有自知之明，收敛一些。

6. 对待“拿他毫无办法”的员工尽量“讨好”和利用

最让领导头痛的莫过于那些工作散漫、态度恶劣，但却拿他毫无办法的员工了。通常，这类员工若非与最高阶层关系甚密，便是在外拥有靠山，使得领导轻易不敢得罪于他。

正因为这类员工有其利用价值，与其对他们做正面抗衡，不如采取宽容态度，设法利用他们。利用对方的最好办法就是先主动地“讨好”他们，使他们对你无计可施，然后从他们身上挖尽好处。

日本著名的制片家和田勉先生曾就工薪阶层人士如何应付不好应付的上司提出一项建议，他幽默地表示：“对于令人讨厌、不好应付的上司，身为员工者不妨运用‘讨好’的方式，反过来利用他。一旦你施展此种手段，则无论何种类型的上司，均不会过分为难于你，甚至可能视你为知己。换句话说，对方此时已毫无抵抗力可言。待一两年过后，该上司终会由于人事的替换而从自己眼前自动消失，但你早已从对方身上获得许多好处了。”

反过来想，领导也同样可以将这种战术运用在那些难以应付的员工身上，这样在管理工作上就会顺畅得多。

7. 对待脾气不好的下属要冷静

小王是一个好工人，但他有时会对同事，甚至对领导大发脾气，大喊大叫，虽然他很快就会平静下来，但他的行为却会影响整个部门的工作，人们总是要过一会儿才能恢复到正常的工作中来。领导也对小王说过很多次了，但仍然无济于事。

在一个大喊大叫的环境里，人们很难正常工作，特别是当你是别人大喊大叫的对象时。因为一个人被骂了后很长时间，是不可能马上全身心地投入工作的，这种情况通常会持续好几个小时，我们不能容忍这种情形存在。

作为领导，应该等发脾气的员工平静下来以后，与其进行一番推心置腹的谈话，指出你可以理解他（或她），但是这种行为在工作时间是被禁止的。

如果这个人又发起脾气来，可以让他（或她）离开房间，直到其平静下来为止，让他（她）明白，如果再犯同样的错误，就会受到纪律处分。

8. 多多关注爱抱怨的人

在任何一家公司，总有一些员工是喜欢抱怨的。他们对室内的温度不满，对分派给他们的工作不满，甚至对你告诉他们的每件事都不满。你一次又一次地重复地听着内容相同的抱怨。面对抱怨，你不能一概不理。减少抱怨的一种办法就是注意那些常抱怨的员工。抱怨的原因通常是抱怨者有想成为人们注意的中心的愿望。通过与他们交谈，询问他们的意见并对他做得好的工作加以赞赏。这样，你就会满足他们要被人注意的愿望，从而减少他们抱怨的频率，从而把更多的心思放在工作中。

协作才能取得成功

协作才能取得成功，彼此各自为政始终是一盘散沙，不会成就任何事业。无论员工在团队中充当什么角色，他的每一项工作与其他团队成员的工作都有一个接口。这就意味着他的工作，需要得到他人的帮助，而要想得到别人的帮助，必须先要去帮助别人。只有通过协作才能共同把工作做好。

三个和尚在一所破寺里相遇。“这所寺院为什么荒废了？”不知是谁提出的问题。

“必是和尚不虔，所以菩萨不灵。”甲和尚说。

“必是和尚不勤，所以庙产不修。”乙和尚说。

"必是和尚不敬，所以香客不多。"丙和尚说。

三人争执不休，最后决定留下来各尽其能，看看谁能最后获得成功。

于是甲和尚礼佛念经，乙和尚整理庙务，丙和尚化缘讲经。果然香火渐胜，原来的寺院恢复了往日的壮观。

"都是因为我礼佛念经，所以菩萨显灵。"甲和尚说。

"都是因为我勤加管理，所以寺务周全。"乙和尚说。

"都是因为我劝世奔走，所以香客众多。"丙和尚说。

三个人争执不休、不务正事，渐渐地，寺院里的盛况又逐渐消失了。就在各奔东西的那一天，他们总算得出一致的结论：这里寺院的荒废，既非和尚不虔，也不是和尚不勤，更非和尚不敬，而是和尚不睦。

更多的企业往往出现的则是员工能够与企业一起享福，却无法一起与企业受罪，不仅是对于一些在完成原始积累后的企业，对于那些处于常规发展阶段的企业，更是如此。这类企业，能够与老板一起创业的员工，在企业创业初期时，一般比较忠实于企业，而到了发展期时，这类员工的命运主要有三种：一是自恃功高，得到老板重用；二是目空一切，有时也不把老板放在眼里，而最终被老板想办法"炒掉"；三是得到老板的帮助自已出去单干。即使是一些留下来的创业元老级员工，如果老板稍微对他们有一丝的不好，对不住他们，他们对企业的忠诚度也会大打折扣。

对于后来进入到企业的员工，他们对企业，对老板的忠实度有多少呢？企业也无法用一个量化的数据指标而定。但有一点是可以明确的，那就是对于百分之六七十以上的企业，可以说员工对企业是没有真正意义上的忠诚度的。因为，企业的管理、制度以及老板性格喜好决定着员工是否真正对他、对企业是不是有高尚的忠诚度。

对于一个团队而言，如果团队中的成员只考虑自己的工作，而不去注意别人，很可能因协调不善而出现问题。特别是对于流水线生产，每一个环节的员工都是彼此联系在一起的，彼此之间必须有着高度的协作精神，这样才能生产出高质量的产品。如果一个环节出了问题，就有可能导致整个流水线出现问题，对于一个公司而言，这样的损失肯定是巨大的。

一个人所做的事情本身就是整个环节中的一部分。一个有协作精神的员工，才能真正承担起自己的工作责任，也才能真正做好工作。

很多人都看过《加里森敢死队》，相信对里面的人物都印象深刻。那是个非常有效的团队，成员都擅长不同的技艺，每当遇到一个新的问题、新的困难时，大家都一起来解决，最后终于迎来了二次世界大战的胜利。

在现代企业管理中，非常强调整个团队的协作，因此也就很看重一个人在团队中所发挥的作用，除了做好自己分内的事情之外，还要有和整个团队配合的意识。

乔丹在篮球场上的英姿想必大家都不会陌生。有他在的比赛都非常精彩。那么，谁最愿意看到他在球场不停刷新个人单场最高得分呢？是他的对手。而对手队的制胜秘诀的最后一个方法是让乔丹不停得分。这句话看起来很矛盾，可事实就是这样的。篮球运动是一个非常强调配合的体育项目，要想在场上打得好，除了要求每个队员技术精湛之外，还要求大家相互配合。而这种配合需要长久的训练，以至达到一种默契。让乔丹得分其实就是让乔丹充分发挥个人技术和专长，这样就可以让他所在的团队不能有效配合，这样取胜的可能就大大增加。

可见，协作对一个团队来讲是十分重要的，也是有一定难度的。企业家最困难的工作，是让他的部属及员工凝聚于向心力，互相合作。能够做到这一点，必定是同行中的佼佼者。那么，如何激发团队的合作精神呢？

要想激发团队的合作精神，前提条件是要先组织一个好的团队。好的团队绝不是随随便便凑合在一起的乌合之众，而是为实现一个共同的目标，按照必备的条件，经过严格的挑选而组织起来的精干的团体。所以，确定团队成员的特质，组织一个好的团队，乃是激发团队合作精神的关键和起点。

团队成员的特质主要应考虑以下几个方面：忠诚、能力、积极的态度、多做一点点的精神、信心、意志力。管理者要按照这些条件来挑选团队成员，这里要特别注意：一定要做到坚持条件，宁缺毋滥。

此外，管理者还要做到以下几点：

1. 你必须信任团队的所有成员，彼此之间要开诚布公，互相交心，做到心心相印，毫无保留；

2. 你要与团队的每一个成员紧密合作，直到整个团体都能紧密合作为止；

3. 分析每一个成员完成工作的动机，研究他们的迫切需要，针对他们的动机和需要，付给他们应得的利益，在不影响团队发展的前提下，尽可能让他们多得一点儿；

4. 制订出明确的集会时间和地点，讨论计划，执行计划，否则就注定会失败；

5. 做好团队成员之间的沟通和协调工作，使整个团队像一台机器一样，有条不紊地和谐运转；

6. 严于律己，以身作则。

只要能牢记以上原则，并坚定不移地贯彻执行，企业的团队的合作精神就一定能激发出来！团队成员的合力也会最大化地发挥出来。

分工协作

苏联研制的米格—25 喷气式战斗机的许多零部件与美国所生产的战斗机相比都要落后很多，但因设计者考虑了整体性能的协调性，所以，战斗机反而能在升降、速度、应急反应等方面超越美国，成为当时世界一流的战斗机。

我们这里所说的米格—25 效应指的就是整体的最佳组合。这个理论是说：也许组织中的每个个体不全是最好的，但组合在一起所形成的整体却是最强的，当然，这需要很好的分工协作。

米格—25 效应的精髓是什么呢？

1. 发挥团队精神

作为企业管理的重中之重，协调就是要把公司的各个管理部门有机有序地联系到一起，使它们朝一个方向发挥合力的作用，体现出团队精神。

管理企业也是同样的道理。如果不能保证每位员工的能力都是最优秀的，但至少要保证所有的员工是齐心合力的，企业这个有机体是协调的、顺畅的，而不是几股力量在纠缠，以至于抵消了大部分人的功劳。

2. 个体的最佳组合

每家公司都是由诸多不同的个体组成的团队，但团队的整体能力并非所有个体能力的简单相加，可能等于、也可能小于或者大于个体能力的总和，关键是个体之间的组合与协作程度。

企业界时常发生这样的事情，为了同一个项目，同家公司不同部门之间的员工发生撞车，自相竞争，以致公司无所适从，这不仅浪费了人力、物力和财力，也贬损了公司的形象，在社会上产生了不好的影响。这只能说明公司各个部门之间缺乏沟通与协作、信息流动渠道不畅通，这对公司的发展毫无裨益。

在企业发展越来越依赖团队协作的知识经济时代，管理者不仅要重视个体能力的培养，更要注重团队精神的培育——对个体实行动态管理，进行合理有效的组合，强调个体之间的团结协作。只有这样，才能产生协同效应，提高组织的工作效率。所以说，最佳整体，其实就是个体的最佳组合。

3. 最完善的协调机制

米格—25效应其实就是我们在管理学中常常提到的协调管理。一家经营成功的公司未必拥有素质最高、个体最优秀的员工，但是它一定具备完善的协调机制、合理的操作系统与和谐的工作气氛。成功的管理者，不一定是最优秀的行业带头人，但一定是优秀的中间协调员。

一个筷子容易被折断，而一把筷子却很难被折断，就是由于每根筷子互相依靠互相支撑合为一体，因而抵御外力的能力大大增加，超过了每根筷子能力的总和。

在F1赛车比赛中，赛车在比赛过程中都需要有几次加油和换轮胎的过程。要知道，在紧张刺激的赛车比赛中，每部车都要分秒必争的，因此，赛车每次加油和换胎都需要勤务人员的团结协作。

一般赛车的勤务人员22个人，在这其中，有3个是负责加油的，其余的都是负责换胎的，有的人拧螺扣，有的人压千斤顶，有的人抬轮胎……这是一项最体现协作精神的工作，加油和换胎的总过程通常都在6~12秒，这个速度在平常情况下，再熟练的维修工人也是无法达到的。因为如此快的过程，是整体协作的结果。

在企业越来越重视群体组织发展的今天，英雄人物似乎已经落伍了。信息社会知识爆炸，每个人的精力也是有限的，远远不可能掌握所有人的知识，必须依靠集体的智慧，这就要交流合作集思广益，对同一个问题每个人的思维框架不同，侧重点也就会不同，几个人一起工作、讨论就可以相互弥补。有时旁人随口一句话，就可使你跳出原来思维框架的束缚而变得豁然开朗，从而使问题迎刃而解。据英国公司的一项调查报告显示，欧美财团采取团体思考方式提出的方案，比同样的人单独提出的方案数量上多70%。所以，作为管理者一定要充分发挥团队的最佳整体组合效应。

发挥团队的力量

在没有血腥但却相当残酷的竞争中，任何人都不可能孤独地生存，都必须与别人建立友善的人际关系，人不可能单枪匹马地完成每一件事，都希望寻找合作者，同时，也都希望别人能够欣赏、喜欢自己，这样才能在竞争中占据优势。

凯蒂是一家知名广告公司的部门总监。她长得非常漂亮，虽然脾气有点儿急躁，但大家都知道其实她心地很好，而且爱护下属，有什么事总是主动为大家扛下来，所以部门的员工都喜欢她、支持她。

正当凯蒂的工作干得热火朝天的时候，公司来了个空降兵——哈佛MBA毕业的罗斯。老板对凯蒂说："公司派罗斯协助你的工作，有什么问题你们要协商解决。”

凯蒂明白了，这次晋升分公司总经理的职位可有对手了。

罗斯果然是高才生，第一天上班就发现了制度存在的问题，她训斥部门内的小王：“办公室不是吃早餐的地方，如果违反的话，扣除一天的工资。”然后转身又对着小李说：“以后要注意形象，不要穿得这么随便来上班。”

凯蒂对罗斯的颐指气使觉得很不舒服，忙为员工解围说：“罗斯，我想着可能是我的过失。部门制度正在重新制定中，谢谢你提醒我。”罗斯白了她一眼，笑了一下，然后走开了。

凯蒂把那两名员工叫到办公室，说：“小王，我知道你早上要送孩子上学很忙，所以没说过你，但是现在罗斯做副手，你多多注意好吗？小李，你也要多注意一下自己的形象，罗斯可不是你开玩笑叫姐姐的。”

语重心长的几句叮咛，使两个人很感动。第二天上班时，凯蒂发现办公室收拾得井井有条，进门的小客厅摆满了鲜花，大家都在认真工作，只听到敲键盘和打印机的声音。

月底的时候，公司决定开辟辖区内新的市场，要求凯蒂和罗斯做出营销计划。公司这次特别慎重，而这次机会对凯蒂和罗斯来说，意味着什么，两人都清楚。

凯蒂到处查资料，她不怕对手知道她的计划书，和大家一起讨论听取大家的意见。而罗斯则单枪匹马，紧锣密鼓，仿佛一场战争就要爆发。

公司举行论证会时，公司总部所有高层管理者都参加了。罗斯先讲了她的计划，讲解得很精彩，赢得了大家的掌声。轮到凯蒂时，凯蒂先让小王站起来讲解了整体计划、全新的思路以及合理的市场分析，随后其他几位同事又分别讲述了计划的其他部分，大家配合得非常默契，老板第一个带头鼓起了掌。

凯蒂在竞争中依靠了团队的力量，赢得了分公司总经理的职位。她说：“在团队中，大家相互关心，相互支持，共同努力将工作做好，这才是职场竞争中取胜的法宝。

凯蒂的例子告诉我们，团队永远是你坚强的后盾，无论企业的管理者还是普通员工，都离不开团队的支持。俗话说得好：“单丝不成线，孤木不成林。”团队的力量才是企业乃至个人长足发展的不竭动力。

所谓众人划桨开大船。因此，在工作中，我们就应该依靠团队的力量，发挥大家的光和热，才能把事业做好、做强。

打造完美团队

传说佛祖释迦牟尼曾问他的弟子："一滴水怎样才能不干涸？"弟子们面面相觑，没有人回答得出来。释迦牟尼说："把它放到大海里去。"

个人再完美，也就是一滴水；一个高效的团队才是大海。

个人与团体的关系就如小溪与大海的关系，只有把无数个人的力量凝聚在一起时，才能迸发出海一般难以抵挡的力量。因此，个人的发展离不开团队的发展，个人的追求只有与团队的追求紧密结合起来，并树立与团队风雨同舟的信念，才能和团队一起得到真正的发展。

在知识经济时代，单打独斗已经成了最愚蠢的选择，竞争已不再是单独的个体之间的斗争，而是团队与团队之间的竞争、组织与组织之间的竞争，许许多多困难的克服和挫折的平复，都不能仅凭一个人的勇敢和力量，而必须依靠整个团队去实现。作为团队一分子的我们必须要明白："没有完美的个人，只有完美的团队。"

2004年的雅典奥运会上中国女排的冠军争夺赛就是明证。奥运会女排比赛开始之前，意大利排协技术专家卡尔罗·里西先生在观看中国女排训练后很肯定地认为，中国女排在奥运会上的关键人物是身高1.97米的赵蕊蕊。她发挥的好坏将决定中国女排在奥运会上的最终成绩。不幸的是，在中国女排参加的第一场奥运会比赛中，第一主力赵蕊蕊因腿伤复发，无法上场了。外界都感叹中国女排的网上"长城"坍塌，实力大减，没有了赵蕊蕊的中国女排不再有夺冠的实力。

当时的中国女排确实也很困难，她们只好一场场去拼，在小组赛中，中国队还输给了古巴队，在当时的情况下，很多行家都不看好中国女排夺冠。

但是中国女排因为有决不服输的精神，在历经了艰难的打拼之后还是杀进了决赛，在与俄罗斯女排争夺冠军的决赛中，身高仅1.82米的张越红一记重扣穿越了2.04米的加莫娃的头顶，砸在地板上，宣告这场历时2小时零19分钟、出现过50次平局的巅峰对决的结束。经过了漫长的、艰辛的20年以后，中国女排再次摘得奥运会金牌。

那么，中国女排凭什么在奥运会上一一战胜了那些世界强队，凭什么在决赛中反败为胜战胜世界顶尖球队俄罗斯队？当时的女排教练陈忠和在赛后接受采访时深情地说："我们没有绝对的实力去战胜对手，只能靠团队精神，靠拼搏精神去赢得胜利。用两个字来概括队员们能够反败为胜的原因，那就是‘忘我’。”

很多时候，一个团队给予一个人的帮助不仅是物质方面的，更多在于精神方面。一个积极向上的团队能够鼓舞每一个人的信心，一个充满斗志的团体能够激发每一个人的激情。工作中也是一样，只有团队众志成城，才能共同迎接团队的胜利，因为没有完善的个人，只有完善的团队。

曾经有一位英国科学家把一盘点燃的蚊香放进了蚁巢里。

开始时，巢中的蚂蚁惊恐万状，四散奔逃。过了十几分钟后，便有蚂蚁自动向火冲去，对着点燃的蚊香，喷射自己的蚁酸。由于一只蚂蚁能射出的蚁酸量十分有限，马上就有很多“勇士”加入进来并葬身火海。但是，“勇士”们的牺牲并没有吓退蚁群，相反，又有更多的蚂蚁投入“战斗”之中，它们前仆后继，几分钟便将火扑灭了。活下来的蚂蚁将战友们的尸体移送到附近的一块墓地安葬了。

过了一段时间，这位科学家又将一支点燃的蜡烛放到了那个蚁巢里。虽然这一次的“火灾”更大，但是蚂蚁已经有了上一次的经验，它们很快便团结在一起，有条不紊地作战，不到一分钟，烛火便被扑灭了。

一个充满战斗力的团队，必定是一个有严格秩序的团体，因为只有这样，才能确保行动的一致性和协调性。对于任何一个团队，协作精神尤为重要，这是确保一个团队不涣散的根本所在。试想一下，如果没有蚂蚁团结在一起的力量，他们是不是有被毁灭的危险？这也给现代企业以启示。

在一个企业中生存，每一位成员都仅仅是这其中的一分子，如果有什么问题出现，我们很难靠自己单独的力量去完成，而且即使完成了，效率和质量也不会很高。因此，团队成员的优化组合，积极配合，才是促使团队力量爆发的基础。所以，不要总是着眼于个人利益，置集体利益于不顾。团体成员的发展永远都离不开彼此之间的合作。毕竟先有集体的完美才会有个人的完美。

增强团队交流

作为管理者应该多多参与增进团队交流，多与员工进行沟通。沟通虽然看似简单，似乎是每个人与生俱来的能力，但有许多管理者就是非常不擅长与员工沟通，所以管理者亲自参与增进团队交流就显得至关重要。生活与工作中遇到的很多棘手问题都是源自于沟通不畅，所以，如何达到有效沟通是增进团队感情与凝聚力的关键所在。

首先，要培养一个积极主动的沟通意识。作为一个管理者如果不主动去同上级、同级、下级进行积极沟通，看到问题而听之任之，那么久而久之，这个团队必然松散、缺乏斗志、信息闭塞、相互抱怨、效率低下，这样的团队任其成员或个体如何出色，但作为一个整体其必然也没有太强的战斗力。

其次，有效沟通要有一个良好的心态。沟通要谦和、真诚、委婉、不厌其烦，切忌居高临下、盛气凌人、不耐烦。沟通其实是一种联络感情的重要手段，通过有效地沟通能增进双方的信任感和亲和力，对团队凝聚力的提升也有很大的促进作用。另外，沟通还是一种相互学习的有效手段，通过沟通了解彼此的理念、思路、方法等，能够弥补个人的认识误区和知识盲点，孔子的“三人行，必有吾师焉”说的就是这个道理，即使和比自己知识、阅历低的人沟通也会有所收获的。如果我们都抱着学习和谦和的心态去沟通，想效果不好都难。

再者，沟通是一定要讲究技巧的。没有技巧的沟通就像是没加润滑油的机器是很难想象会有多好的结果的，没有技巧的沟通往往会事与愿违。重要的沟通需要事先列一个沟通提纲，并要确定沟通的时间、场合、方式等，在沟通中要注意语言的表达，体态的配合，多用多媒介沟通，只有讲究技巧的沟通才会达到预期的效果。

最后，沟通一定要先解决心情再进行沟通。试想如果一个人是带着很强的情绪去进行沟通其结果会是怎样？答案是不言而喻的。所以，在有矛盾冲突的情况下，一定要先安抚沟通对象的情绪，只有在心平气和的状态下沟通才会有效果。

总之，沟通是一门学问，也是一门艺术，只有熟练驾驭沟通这种技能才能符合现代社会对管理者的要求。以下是一些值得借鉴的好做法：

1．聊天

奥田是丰田公司第一位非丰田家族成员的总裁，在长期的职业生涯中，奥田赢得了公司内部许多人士的深深爱戴。他有1/3的时间在丰田城里度过，常常和公司里的多名工程师聊天，聊最近的工作，聊生活上的困难。另有1/3的时间用来走访5000名经销商，和他们聊业务，听取他们的意见。

2. 讲故事

波音公司在1994年以前遇到一些困难，总裁康迪上任后，经常邀请高级经理们到自己的家中共进晚餐，然后在屋外围着个大火炉讲述有关波音的故事。康迪请这些经理们把不好的故事写下来扔到火里烧掉，以此埋葬波音历史上的“阴暗”面，只保留那些振奋人心的故事，以此鼓舞士气。

3. 解除员工后顾之忧

某航空公司总裁凯勒尔了解到员工最大的担心是失业，因为很多航空公司都是旺季时大量招人，在淡季时辞退员工。凯勒尔上任后宣布永不裁员。他认为不解除员工的后顾之忧，员工就没有安全感和忠诚心。从此，该公司以淡季为标准配备人员，当旺季到来时，所有员工都会毫无怨言地加班加点。

4. 帮员工制订发展计划

爱立信是一个“百年老店”，每年公司的员工都会有一次与人力资源经理或主管经理的个人面谈时间，在上级的帮助下制订个人发展计划，以跟上公司业务发展，甚至超越公司发展步伐。

5. 动员员工参与决策

福特公司每年都要制订一个全年的“员工参与计划”。动员员工参与企业管理。此举引发了职工对企业的“知遇之恩”，员工投入感、合作性不断提高，合理化建议越来越多，生产成本大大减少。

6. 口头表扬

表扬不但被认为是当今企业中最有效的激励办法，事实上这也是企业团队中的一种有效的沟通方法。日本松下集团很注意表扬人，创始人松下幸之助如果当面碰上进步快或表现好的员工，他会立即给予口头表扬，如果不在现场，松下还会亲自打电话表扬下属。

掌握了以上几种方法后，企业管理者就可以在实践管理中加以运用，从而更好地领导团队。

相互信任

成功的管理者在用人实践中探索出这样一条准则：对真诚所用之人，要给予充分的信任。信任，是人的一种精神需求，是对人才的极大褒奖和安慰。它可以给人以信心，给人以力量，使人无所顾忌地发挥自己的才能。管理者要明白，只有相互信任才能上下协力同心。

如果团队领导者对待手下时，既想利用他的才能，又对他不放心，总认为人家与你离心离德，这是团队管理者用人之大忌。

日本松下电器公司的前总经理松下幸之助说过，用人的关键在于信赖，如果对同僚处处设防、半信半疑，将会损害事业的发展。他认为，要得心应手地用人，就必须信任到底，委以全权。

要对所用的团队成员以诚相待。对于人才一旦委以重任，就要推心置腹，肝胆相照。只有相互信任，才能形成上下协力同心的大好局面，才能赢得人才忠心不渝地献身团队事业。切忌对部下怀有戒意，妄自猜疑。

要给受挫折的员工成功的机会。世间任何人的经历，都不会一帆风顺，常胜将军是不多见的。受任者任务完成得不好，或出现失误，领导者一定不要大惊小怪。只要帮助他正确对待，认真总结经验教训，下属必然产生有负领导重托的自责感和将功补过的决心，也一定会为今后工作打下良好的基础。

领导者不应为俗议所左右。领导者与下属都生活在尘世中间，世俗之中对人皆免不了七嘴八舌、说长道短、为领导者所任用的人自然是被议论的对象。有的人出于嫉妒心理或出于自身厉害，散步流言蜚语，甚至无中生有，恶意中伤。这时领导者如果头脑不清醒，就会为俗议和谗言所左右，对所信任的人生疑。

信赖是力量的源泉。日本丰田汽车公司创始人丰田喜一郎无比信赖销售专家神谷正太郎就是一个突出的典型。

神谷正太郎原先在美国通用汽车公司任职，丰田喜一郎看中了他在销售方面的奇才，对他无比信赖，一再邀他前来丰田公司担任汽车销售的重任。神谷正太郎深受感动，他毅然放弃了在通用享受的高于丰田4/5的优厚待遇，来到了丰田汽车公司销售部，为丰田的汽车销售竭尽全力。

神谷正太郎在通用汽车公司学会了汽车销售管理的技术，到丰田公司后不久他曾这样说过："当时对于通用公司汽车销售店的政策管理情况认为是很有道理的，我想好好学习才是，然而，它也有不适合于日本实际情况的一面。

例如：对于销售情况不好而陷于经营困难的销售店，它会冷酷无情地将其抛弃，这种情况是常有的事。我作为日本人，对于这种生硬的做法是感到有一定局限的。通过学习通用汽车公司的经验，我痛感，所谓制造商和销售店，在当前发展产品的共同目标的基础上，应该谋求‘共存共荣’。如果仅仅把销售点看作是为了销售而使用的一种工具，那么就没有真心实意地合作。我们莫不如把销售点理解为命运的共同体，要通过工作，建立起血肉相连的关系。这就是我关于推进汽车工业的根本认识。”

神谷搞事业的做法，走的是正攻法的道路，绝不抄道走小巷。他认为顾客第一，经销第二，公司第三，需求是创造出来的。虽然神谷的一些做法丰田喜一郎并不认同，但是丰田仍然给予其充分的信任。最后通过神谷的一系列整顿，使丰田汽车的销售业务取得了突飞猛进的发展。

丰田喜一郎去世后，神谷正太郎为了报答丰田家族，推举其长子丰田章一郎学习汽车销售业务。他对待章一郎犹如对待自己的儿子，言传身教，身体力行，既关怀备至，又严格要求。此外，他还经常亲自带章一郎一道外出，帮其熟悉推销业务和推销界人士。在神谷的悉心培养下，章一郎成长很快，1970年就任丰田汽车公司的副社长，1982年晋升为社长。

看到这样的成功案例，企业管理者是不是为之心动呢？那么何不在自己管理企业的时候加以借鉴并运用呢？当你信任自己的员工，他们才能获得被尊重的感觉，才愿意贡献自己的力量为企业添砖加瓦。因此，企业管理者一定要有“相互信任才能上下协力同心”的企业管理意识。

合作才能双赢

俗话说："遗人玫瑰，手有余香。"在人类社会发展的过程中，竞争永远是一个沉重的话题。没有竞争的社会缺少前进力量。但是为了竞争，我们是否就可以玩尽手段，尔虞我诈呢？玩过俄罗斯方块的人都会明白一个道理：要想成功过关，就要学会"取长补短"。合作等于双赢。游戏如此，工作又何尝不是呢？

世界上的植物当中，最高大的当属美国加州的红杉。它的高度大约为90米，相当于30层楼那么高。一般来讲，越是高大的植物，它的根应该扎得越深。但是，红杉的根只是浅浅地扎在地表而已。按常理说，根扎得不深的高大植物，是非常脆弱的，只要一阵大风，就能把它连根拔起，更何况红杉这么高大的植物呢。

可是红杉却生长得很好，这是为什么？

原来，红杉不是独立长在一处，红杉总是一片儿一片儿地生长，长成红杉林。大片红杉的根彼此紧密相连，一株连着一株。自然界中再大的飓风，也无法撼动几千株根部紧密相连的上千公顷的红杉林。

一棵红杉融入红杉林中，众多红杉的力量合在一块，使飓风也难以撼动红杉林，而单个的一棵红杉也因为其他红杉的帮助，得到红杉林的保护，而保全了自己。这其实就是一种双赢战略。

协作永远是使自己受益也让别人受益的工作方式，只有懂得协作的人，才能明白协作对自己、别人乃至整个团队的意义。

一个卓越的团队，沟通理解是合作的基础，要谋求自身发展，就必须追求与合作方都有利的一面，经由合作达到共赢。

现代企业讲求双赢的战略，不仅使自己获利也使别人获利。团队内部的成员之间也应该讲求双赢的战略，因为给别人机会就是给自己机会，自己损失一点儿往往会得到更多。可是，有些团队成员之间拉帮结派，自己没有机会也不能让别人有机会，结果双双以失败告终。这不仅影响了团队成员之间的团结，涣散了团队的军心，还给对手以进攻的机会。

一个团队仅有良好的愿望和热情是不够的，要靠积极引导以及明确的规则来分工协作，这样才能使大家的力量形成合力。管理一个项目如此，一个部门也应如此。

团队协作需要默契，这不仅要靠长期的日积月累，还要靠明确的约束和激励来养成，没有规矩，不成方圆，冲天的干劲引导不好反而会起反作用。

当一群人为了达到某个目标而组织在一起时，这个团队就会立即产生唇齿相依的关系。目标是否能实现，是否能达到预期的工作绩效，取决于团队中的成员是否都能对自己负责，对彼此负责，最终对整个团队负责。明确责任体系就是保证成员能够成功地完成这一任务。

此外，明确的责任体系还可以使团队中的成员能够依据这个责任体系建立权责明确的工作关系，这样团队中的成员对自己的任务就是责无旁贷的，而且有助于成员之间能彼此信守工作承诺，最终确保任务的完成。

成功并非是压倒别人，而是追求对各方面都有利的一面，以达到共赢。例如，在一个上千人的汽车装配流水线上，只要其中有一组人的工作出现了问题，汽车便无法出厂，因为谁也不会购买有缺陷的汽车。又如，在登山的过程中，一般登山运动员之间都以绳索相连，假如其中有一个失足了，其他运动员就上前全力抢救。否则，这个团队便无法继续前行了。而当大家都绞尽脑汁，使用完了所有的力气，也都无济于事的时候，只好割断绳索，让那个队员坠入深谷，只有这样，才能保住其他队员的性命。而此时，割断绳索的常常是那名失足的队员，这就是团队的精神。因此，可以肯定地说，一个人的成功是建立在团队成功的基础上的。

华夏公司是一个特别讲究团队协作的电脑销售代理公司，总经理罗先生是这家公司的负责人，也是最高协调人。在这个大团体之中每一名员工都有着明确的分工。例如，销售经理负责公司销售业务的发展；商务公司负责与分公司协调，同时，也负责与各地代理商之间的合作；客户经理负责完成客户服务方面的工作；而罗先生的任务是走访客户，了解客户对公司的需求和看法，以及作为总协调人，协调团体内部的沟通和决策。因为公司内各个团队之间的行动配合，逐渐在公司上下形成了严谨的工作作风，工作效率因此提高得很快。每天下班后，每个小团队之间的成员总是要集体开一个讨论会，讨论当天的工作，制订新的战略计划，分配第二天的工作任务，并加深了解，使每个成员都清楚各个部门的协作状况。现在的华夏公司因为团队协作精神，已成为同行中效益增长最快的公司，员工收入也是同行最高的。这就是协作产生的双赢效应。

在工作中，我们要善于与每个团体成员进行双赢的合作。而不要丢弃了自己团队工作的荣誉感，为求个人的表现，打乱了团队工作的秩序。这样，才能够保证团队工作的精神不被破坏，也不会对自己的职业生涯造成致命的伤害。

亨利是一家营销公司的营销员，曾经他所在的部门里，因为团队精神十分出众，而使每一个人的业务成绩都特别突出。后来，这种和谐而又融洽的合作氛围却被亨利破坏了。

前一段时间，公司的高层把一项重要的项目安排给亨利所在的部门，亨利的主管反复斟酌考虑，犹豫不决，最终没有拿出一个可行的工作方案。而亨利则认为自己对这个项目有十分周详而又容易操作的方案。为了表现自己，他没有与主管磋商，更没有向他贡献出自己的方案。而是越过他，直接向总经理说明自己愿意承担这项任务，并向他提出了可行性方案。

他的这种做法，严重地伤害了部门经理的感情，破坏了团队精神。结果，当总经理安排他与部门经理共同操作这个项目时，两个人在工作上不能达成一致意见，产生了重大的分歧，导致了团队内部出现了分裂，团队精神涣散了下来，项目最终也在他们手中流产了。

所以说，一个人只有从团队的角度出发，考虑问题，才能获得团队与个人的双赢结果。对于企业内部的员工而言，协作造就团结，这也是双赢，是员工之间的双赢。团队成员之间彼此负责任，才能彼此忠诚于对方。这种双赢战略能够增强企业的核心竞争力。

最后，让我们记住，以色列国王所罗门说："铁能断铁，人能伤人。"如果你能与队友协作，你成功了，他们也成功了，整个团队就赢了。因此，你应该与团队里的那些竞争者交流信息，寻找共事的方法，自己和整个团队都会受益。

合作的重要性

随着企业的不断发展壮大，我行我素，“各扫门前雪”的“独行侠”年代已随历史车轮的滚滚向前而不值得一提了。而那些在团队合作中发挥积极作用的员工，总能使自己独具魅力的一面淋漓尽致展现出来，并在与他人的紧密合作中脱颖而出。团队力量的源泉是合作。唯有合作，才能优势互补，才能使合力最大化。要想认识合作的重要性，还必须明确以下几点：

1. 个人的优秀并不意味着团队的优秀

虽然每个团队都希望自己的员工精明能干，能独当一面，但真正的现实却是，个人表现的优秀并不一定能使团队表现优秀。

这听起来似乎有些矛盾，其实不然，团队重视的是整体效应，即“一花独放不是春，百花齐放春满园。”一个人的表现再突出，如果他忽略了团队的整体合作，或者根本就不能或不屑与团队合作，那么从长远角度来看，这个人是不会为团队带来永久效益的。

当然，不可否认，这样的人可能是个好员工，但他成为管理者的可能性却微乎其微，因为不注重团队合作的人不可能成为好的管理者。

对于团队重用的人才，微软中国研发的总经理张湘辉博士的一番话，很发人深省，更值得我们去深刻体会。他说：“如果一个人是天才，但其团队精神比较差，这样的人我们不要。中国企业有许多年轻聪明的人才，但团队精神不够，尽管每个简单的程序都能编得很好，但编大型程序就不行了。微软开发WindoesXP时有500名工程师奋斗了两年。有5000万行编码。软件开发需要协调不同类型、不同性格的人员共同奋斗，缺乏合作精神是难以成功的。”

一个团队再小，也需要密切配合。试想一个各行其是、单打独斗而不注重整体合作的团队，怎能更好地执行上级的战略部署呢？

2. 个人利益是和他人利益密不可分的。

在企业团队中，任何一位员工的利益都是和他人捆绑在一起的。合作是一件快乐且有成效的事情，并且很多事情人们也只有在相互合作中才能完成，因为合作是团队力量的源泉。不合作的结果往往是他不能得到，你也不能得到。帮助别人就是强大自己，帮助别人就是帮助自己，别人得到的并非是我所失去的。其实很多时候帮助别人，并不就意味着自己吃亏。其结果迎来的很可能是皆大欢喜的双赢局面。

有一个人被带去观赏天堂和地狱，以便比较之后能聪明地选择他的归宿。他先去看了魔鬼掌管的地狱。第一眼看去令他十分吃惊，因为所有的人都坐在酒桌旁，桌上摆满了各种佳肴，包括肉、水果和蔬菜。

然而，当他仔细看那些人时，发现没有一张笑脸，也没有伴随盛宴的音乐狂欢的迹象。坐在桌子旁边的人看起来沉闷，无精打采，而且瘦得皮包骨了。他还发现每个人的左臂都捆着一把叉，右臂捆着一把刀，刀和叉都有四尺长的把手，因为很难吃到菜，所以即使每一样食品都在他们手边，结果还是吃不到，他们一直在挨饿。

后来他又去了天堂，景象完全不一样：同样的食物、刀、叉和那些四尺长的把手。然而，天堂里的居民都在唱歌、欢笑。这位参观者困惑了，他不解为什么情况相同，结果却如此不同。在地狱的人都挨饿而且可怜，可在天堂的人吃得很好而且很快乐。

后来，他终于得到了答案：地狱里每一个人都是只想着靠自己，可是一刀一叉以及四尺长的把手根本不可能让他自己吃到东西；而天堂里的每一个人都是喂对面的人，而且也被对面的人所喂，因为互相帮助，所以皆大欢喜。

虽然追求更大的荣誉，追求更多的财富，实现更高的个人价值是没有错的，但是，如果过分突出自己而不肯与他人合作，那就很可能会失去自己心中所希望和祈盼的一切，这就好像我们要建筑一座富丽堂皇的大厦，如果只靠一己之力想必也一样是项巨大的工程。

3. 合作就是力量

企业团队中如果大家能够精诚团结、步调一致，那么这个企业或部门就将具有强大的竞争力，很有可能在激烈的竞争中稳操胜券。

对此可以做形象化的比喻，团队合作就好比是一个人的手，五指虽然有大有小，有长有短，有粗有细；虽然各司其职，但它们只要紧密合作，挥出为掌，则能挟过一缕劲风；握紧为拳，则蕴含虎虎生气。相反，如果每个指头都各行其是，互相争功，不知默契协助，那么就不能发挥任何作用。

有一天，五根手指聚在一起，讨论谁是真正的老大。

大拇指骄傲地率先发言："五根手指中，我排第一而且最粗大，人们在称赞最好或是表现杰出的时候，都是竖起拇指，所以老大非我莫属。"

食指不以为然，急着辩解："我才是老大，要知道夹菜时，没有我支撑着，根本夹不了菜，只有我才能让人们大快朵颐。另外，人类在指示方向时，必须靠我。"

中指不屑一顾地说："五指中我最修长，犹如鹤立鸡群，而且我居中间的位置，大家众星捧月，这不就是老大的证明吗？"

无名指不甘示弱，理直气壮道："三位也未免太自大了，世上最珍贵的珠宝，只有戴在我身上才能相得益彰，因此，我才能配称老大。"

小指在一旁，只是静默不语。

四个指头惊异地一起问道："喂，怎么不谈谈你的看法，难道你不想当老大？"

"各位都有显赫的地位，我人微言轻，只是当人类在合十礼拜或打躬作揖时，我才最靠近真理与对方。不过，如果我们彼此分开，其威力又表现在哪儿呢？别人之所以怕我们，是因为我们五位一体，不可分割啊！”

团队可以是拳头和手掌，它的威力来自于每根手指的紧密合作，这是企业盈利的基础；员工任何形式的偏离、隔阂、冷漠以及嫉妒和仇视，都将使团队的大厦发生倾斜，甚至坍塌成一盘散沙。

的确，一滴水很快就会干枯，它只有投入到大海的怀抱，才能永久地存在。同理，个体也只有和团队结为一体，才能获得无穷的力量。因此，一位著名管理者说：“不管你个人多么强大，你的成就多么辉煌，你只有保持与团队之间的合作关系，这一切才会有现实意义。所以，可以说合作是团队力量的源泉，企业是靠员工间的团队合作优势来赢得利益的。”

加强协作精神

毋庸置疑，只有团队内部之间更好地进行无缝式协作，双赢才能够真正地实现，价值也才能真正达到最大化！艰巨的挑战需要精良的团队去应对，面对强大的压力，队员最需要的就是协作配合。请注意，这里说的是协作，而没说合作，协作包含的内容更为广泛。合作仅指人们在一起工作，而协作则不仅仅是工作而是在奋斗，协作意味着每个人都在给团队增添新的价值，注入新的活力。协作产生的能量远远大于单个力量的总和。

二战期间一次惊心动魄的“大逃亡”，可谓是协作的完美典范，此次活动任务之艰巨，范围之广泛，令人难以想象。

在德国柏林东南有一座德国战俘营。为了逃脱纳粹的魔爪，250多名战俘准备越狱。在纳粹的严密控制之下，实施越狱计划，要求战俘们进行最大限度地合作，才能确保成功。这次，他们明确地进行了分工。

这是一件非常复杂的事，首先要挖地道，而挖地道和隐藏地道则极为困难。战俘们一起设计地道，动工挖土，拆下床板木条支撑地道。处理新鲜泥土的方式更令人惊叹，他们用自制的风箱给地道通风吹干泥土。他们制作了在坑道里运土的轨道和手推车，在狭窄的坑道里铺上了照明电线。其间所需的工具和材料之多令人难以置信，3000张床板、1250个压条、2100个篮子、70张长桌子、3180把刀、60把铁锹、700英尺绳子、2000英尺电线，还有许多其他的东西。为了寻找和搞到这些东西，他们费尽了脑汁。此外，每个人还需要普通的衣服、纳粹通行证和身份证以及地图、指南针及干粮等一切可以用得上的东西。担任此项任务的战俘不断弄来各种可能有用的东西，其他人则有步骤、坚持不懈地贿赂甚至讹诈看守。

每个人都有各自的分工。做裁缝、做铁匠、当扒手、伪造证件，他们月复一月地秘密工作，甚至组织了一些掩护队，吸引德国哨兵的注意力。

此外，他们还要负责“安全问题”，德国人雇用了许多秘密看守，混入战俘营，专门防止越狱，“安全队”监视每个秘密看守，一有看守接近，就悄悄地发信号给其他战俘、岗哨的工程队员。

这一切工作，由于众人的秘密协作，在一年多的时间内竟然躲过了纳粹的严密监视，他们成功地完成了这一切。

1944年3月24日晚上，200多名战俘开始行动了，但不幸的是，发生了一些变故，实际上只有少数人成功地越狱成功。曾把此事拍成电影《胜利大逃亡》的著名导演约翰·斯蒂尔格斯评论这件事时，曾经感叹不已："这次逃亡需要200多人完完全全地投入，每个人竭尽全力，每分、每时、日日夜夜连续作战，时间长达一年多，人的能量从来没有被发掘到如此淋漓尽致的地步，这种决心和勇气令人震撼。"

是的，这么多的人在如此艰苦的条件下越狱，如果不能团结协作，那是根本不可能完成的事。更谈不上成功脱逃了。

如今，有许多人都信仰个人英雄主义，认为凭借一已之力就可以打拼天下，完全可以撑起一片蓝天。因此，很多人往往会忽略应有的合作意识，不善于与人合作，项目都是自己做，不愿和同事一起想办法，每个人都会出不同的结果，最后对公司一点儿用也没有。

上面这个故事给我们的启示太多了，信仰个人英雄主义的员工应该反思一下，想一想自己是否有以下的表现：

1. 从不承认团队对自己有帮助，即使接受过帮助也认为这是团队的义务；

2. 遇到困难喜欢单独蛮干，从不和其他同事沟通交流；

3. 好大喜功，专做不在自己能力范围之内的事。

一个人如果以这种态度对待所面对的团体，那么其前途将是黯淡的。只有把自己融入团队中去的人才能取得更大的成功。

认识到自己所缺乏的协作精神，就要将协作精神发挥到最大值，这样才能达到双赢的效果。

首先，要加强团队意识，要认识到你的同事是你的协作者，而不是你的竞争对手。

观察任何一个团队，都能看得到竞争的影子。因为人人都有希望、目标和理想，都渴望梦想成真。但对协同作战的队员来说，与队友配合比与队友竞争更为重要，他们将自己视为整体的一部分，从不让队友间的竞争超过一定限度，不让竞争损害整个团队。但团队内部人员针锋相对，其实是加大了内耗，不利于合力的发挥，也不利于整个团队建设。

某公司有两位部门经理，为了争权夺利而明争暗斗，互相不肯示弱，都不愿为了公司的整体利益而后退一步，让他们牺牲个人利益就更不可能了。两个人长达两年的僵持，给公司造成很大的损失，带来极大的影响。

无奈之下，CEO不得不亲自出马，把两个人找来，希望他们能正确认识他们对公司、对彼此部门的责任。但两人都不承认自己对公司负有责任。最后，CEO只能让他们全部走人了。

所以要想让协作精神发挥出最大的价值，就要树立团队意识，不要将你的同事当作竞争对手。

其次，要有坦荡的胸怀，同事之间应当相互支持，而不是互相拆台。

圣弗兰西斯说："索取使人疏远，奉献促进团结。"忘我的核心是坦荡大方。它有助于团结，有助于个人的发展。如果队员愿意无私地为团队工作，那么团队就开始向成功迈进了。

一个人只专注于自己的利益，自然而然地就不信任他人，甚至猜疑自己的队友。但是，如果你能抛掉疑虑，保持相互支持的积极态度。如果你能善待他人，相互间就可以建立起良好的协作关系，彼此形成合力，成为一名对团队有贡献的人。

再次，要把整体利益放在第一位，全神贯注于团队的整体利益，而不是私人小利。

阿瑟·卡维特·罗伯特斯指出："任何优异成绩都是通过一场相互配合的接力赛取得的，而不是一个简单的竞争过程。"如果你关注的是整个团队的利益，而不是你自己，在需要你做出贡献的时候，你就会传出接力棒，而不是企图单枪匹马独自完成整场比赛。为了保证团队的利益能够充分实现，协作有时也需要某个人做出一些牺牲。不过仔细想想，团队的收益不也是个人的收益吗？如果某个人不做一点儿牺牲的话，那么整个团队最终将会失去胜利的机会，受损失的不仅是整个团队还有其他成员，自己不也受到损失吗？

最后，还要通过团体的价值来取得胜利。

只要与队友相互配合，你就能取得惊人的成绩。但如果是单打独斗，就会丧失很多成功的机会。无论做什么事情，只要能相互协作，就会增加所做事情的价值和效果。因为，在相互协作的过程中，不仅能充分发挥你自己的技能，而且还会激发出队友的潜能。反之，输掉的不只是集体，还有你自己。

在美国的一次职业橄榄球比赛中，对阵双方是库克队和卡伯伦队，库克队一直压着对方打。

卡伯伦队抵挡不住了，于是队员之间相互吵了起来，后卫埋怨前锋无能，前锋抱怨后卫防守无力。不用说，卡伯伦队输了，不单单是因为球技。

所以，为了团体的利益，为了你自己以及你同事的利益，要时刻牢记把协作发挥到最大限度，如此才能在工作中取得最好的成绩。

构建良好的协作平台

凝聚力强的团体，关系融洽，团结合作，能顺利完成任务；凝聚力弱的团体，关系紧张，一盘散沙，不利于任务的完成。如果一个团体失去了凝聚力，不再吸引它的成员，那么它就失去了存在的意义。可见，团体凝聚力是衡量一个团体是否有战斗力，是否成功的一个重要标志。

公司就好似一艘船，老板就是船长，船员则由员工来担任。一个员工要想走向成功获得更大发展，离不开一个精诚团结的团队，一个团队的成功则需要团队里每一个成员的共同协作，携手共进。

为了到达共同的目的地，老板与员工间相互配合，共同构建协作平台，共同来完成这个任务。

协作产生的合力是无法估量的。员工为了自身的发展，要服从老板的领导与安排，在分工协作中干好自己的一份工作；老板为了公司的利益，会激励和引导员工做好各项工作，在这个相互协调的过程中，会激发出无穷的力量，使企业增效节流，企业发展了，老板和员工双方都会获得应得的利益，这就是相互协作，谋求共赢之道。

在由老板和员工共同组建的这个公司大家庭里，大家彼此都要对每个家庭成员怀有一种感激之情。老板应该感谢员工为企业付出的努力，没有员工的劳动付出，企业就没有动力前行；员工则要感谢老板的指导与支持，没有老板就没有员工的工作机会，从某种意义上说，老板是有恩于员工的；员工应该从内心深处对老板提供给你的机会表示感谢，对老板对自己的重用、提拔以及老板对公司付出的心血表示崇高的敬意。

你如果能兢兢业业帮助老板做好业务，那么你也同样会得到老板的赞赏与奖励，也许他会立即让你担当重任，有句名言："帮助别人往上爬的人，会爬得更高。"这也使老板与员工在企业发展过程中可以互相鼓励，彼此促进。

一个公司的发展，正如一艘远行的航船，他们可能随时都会遇到困难，可能出现的大风浪会把船掀翻，造成船破人亡的惨局；一旦出现冰冻，会把船困于绝境，使每个人处于生死的边缘。这时如果有一个能力超群的人，能指挥航船脱离困境，则会使人们群情激奋，感激万千。在一个公司里，你帮公司创造了利润，使公司飞速发展，你就是公司的恩人，老板达到目标，他很满意，于是就会给你加薪。事实上，这种互利的平台，在企业管理中起着举足轻重的作用。

构筑共发展、共生存的互利平台，应该是老板与员工共同的追求。

个人的成功来自于大家共同奋斗的结果，养成与他人共进的习惯，学会借助别人的力量，是一个聪明处世的技巧，许多足智多谋的人善于发掘别人的长处，为自己服务。虽然说，成功源于坚持，但成功也需要别人的帮助，别人的力量也许是促进你成功的一个重要力量，帮助别人，也就是帮助自己。你帮助老板的事业成功，老板也会给你创造成功的机会。公司的发展就是你的发展，你的发展源于公司的力量，这是相辅相成的。大千世界，无论在任何一个领域，都需要合作共进。

一个人的能力是有限的，不会与人合作肯定做不了大事，携手共进才是人生走向辉煌的捷径。在这种共建的平台上共舞共进的协作关系，企业在为员工提供发展动力的过程中，企业也成了员工自身成长和成功的桥梁。

如果双方各自实现不了自己的利益，不能实现共同的发展，他们不可能去构建共同的协作平台。

无论你是以老板的身份，还是以员工的身份，从一种独立的状态进入相互依存的关系时，只要以共同的利益为基础，给对方以尊重和理解，用成功的信念，无穷的勇气去激励别人也鼓舞自己，你就能在这个舞台上创造出新的天地。

协作还来自真诚的品德、成熟和富足的心态，它是高度互信的结果，优化了人的素质和修养。在协作中建立了友谊，创造了原本不能产生的合作力量。这就要求在企业的发展中，老板给员工以爱心和鼓励，给员工提供好的工作环境；员工则要听从老板的安排与分配，勇于承担责任，努力进取，勤奋工作，为企业创造更大的利益，推动企业实现更大的发展。

在企业发展过程中老板与员工的这种双赢关系，是一种良好的互动纽带，正是因为这种纽带，带动了整个社会的进步。你的心胸决定了你未来事业的高度，能寻求共融、重视协作，是治企的关键所在。

总之，建立协作平台，已经成为在商业发达的今天人们普遍公认的最优化模式。只有善于协作的人，才会真正的成功；只有懂得团结协作的人，才会成为真正的赢家。构建协作平台是企业管理者走向成功的捷径。

第四章
轻松的工作状态

培养热情的工作状态

缺乏热忱敬业的职业精神也是没有职场危机意识的一种表现。这样的员工不知道每天上班的目的是什么，工作时常常感到茫然，没有激情和热情。上班时无精打采，下班后却生龙活虎。工作对他来说是“鸡肋”，而休假才是目标，周末就是把他们从漫长的五天“牢狱生活”中解脱出来的最开心的时光。

热情是工作当中一种最为难能可贵的品质，对于一个员工来说就如同生命一样重要。有了热情，一个员工可以释放出巨大的潜在能量，补充身体的潜质，培养出一种坚强的个性；有了热情，可以把枯燥的工作变得生动有趣，使自己充满对工作的渴望，使自己产生一种对事业的狂热追求；有了热情，还可以感染周围的同事，拥有良好的人际关系，组建一个强有力的团队；有了热情，我们更可以获得老板的提拔和赏识，获得更多的发展机会。

美国著名的成功学家拿破仑·希尔曾经这样评价热情：

“要想获得这个世界上的最大奖赏，你必须拥有过去最伟大的开拓者所拥有的将梦想转化为全部有价值的献身热情，以此来发展和销售自己的才能。”

可在现实中，很大一部分人对自己的工作和所从事的事业缺乏热情。早上上班时，一步一蹭地挪到公司后，无精打采地开始一天的工作，对待工作是能推就推，能拖就拖，就盼着下班的时间早些到来。这就是缺乏工作热情的表现。事实上，这种问题并不是出在工作上，而是出在我们自己身上。如果你本身不能热情地对待自己的工作的话，那么即使让你做你喜欢的工作，一个月后你依然觉得它乏味至极，相信我们大多数人已经有过这样的经历。IBM前营销总裁巴克·罗杰斯曾说过：“我们不能把工作看作为了几张美钞的事情，我们必须从工作中获得更多的意义才行。”事实上，工作热情是我们事业成功的催化剂，我们得从工作当中找到乐趣、尊严、成就感以及和谐的人际关系，这是我们作为一个人所必须承担的责任。

因为对工作投入的热忱非常低，不把心思放到工作上去，于是事事都让他感到棘手、头痛，从而精力衰退和情绪低落。有的员工在被要求完成一件任务时，感觉自己就像是用双手推动一堵牢固的城墙，要保质保量地完成任务似乎比登天还难。

美国经济学家罗宾斯认为，人的价值=人力资本×工作热情×工作能力。一个人如果没有工作热情，那么他的价值就是零。工作热情不是课堂上老师教的，也不是书本上写的，更不是与生俱来的。它是对事业、对工作的高度热爱，对社会、对他人的一片赤诚，对业务、对知识的无限渴求，对人生、对未来的美好憧憬，是以愉悦的心情去创造、去拼搏的动力。

当你无法在工作中找到激情和动力时，请重新思考你所从事的工作的神圣与伟大。任何工作都有它自身的神圣与伟大。假如你做了多年的教师，很有可能对整天和小孩子、和粉笔打交道而厌烦；假如你是医生，很可能对患者的痛苦和患者家属的愁容漠不关心。公事公办式的职业道德在你眼里可能是无稽之谈，你可能会想，老板给我涨点儿薪水可能就会改变我的工作态度。其实，这时你缺少的不是薪水与职位，而是工作的激情。

许多人在刚刚踏入职场之初，干劲十足、激情四射，对自己的职业前途寄予“厚望”。但用不了多长时间，工作的平淡就会磨平他们的工作激情，他们就会觉得自己像个机器人，每天重复着单调的动作，处理着枯燥的事务。他们每天想的不是怎样提高工作效率，提升自己的业绩，而是盼望着能早点儿下班，期望着上司不要把困难的工作分配给自己。每当工作中出现不顺心的事，就会“鼓励”自己换个工作环境，然而每一次跳槽的结果都不尽如人意。他们要想摆脱职业困境，跳出这一怪圈，就必须想办法找回工作激情。

培养工作激情需要做到两点:

首先，必须明确工作的目的。知道自己在为了什么而工作是非常重要的。如果是为了理想，为了展示自己实实在在的价值，被他人和社会认可，为了没有白活一生而工作，而不仅仅是为了一份薪水而工作，就会感到快乐，就能感觉工作中时时充满激情。

然后，需要分阶段给自己确定目标。人们往往只在爬坡的时候，才会感到干劲十足，充满激情。当爬上山顶的时候，反而觉得迷茫。所以，人们需要不断地给自己树立新的目标，这样工作起来才会有方向、有动力、有奔头，高涨的工作热情才能长久地保持。

一些员工对工作失去热情，根本原因在于他们认为自己付出太多而得到薪水太少，于是他们便陷入了被动地接受工作的困境中，当被迫地接受任务时，情绪自然难以高涨起来。

一个整天无精打采的员工必定是缺乏工作热情的人，至少对目前的工作，他是不喜欢的。于是，他们也很容易在这样的工作状态中丧失机会。

那些对自己的工作充满热忱的员工是企业最大的财富。从来没有什么时候像今天这样，给满腔热情的年轻人提供了如此多的机会。正如一位著名企业家所说："成功并不是几把无名火烧出来的成果，你得靠自己点燃内心深处的火苗。如果要靠别人为你煽风点火，这把火恐怕没多久就会熄灭。"

在工作时，如果你能以火焰般的热情充分发挥自己的特长，那么不论做什么样的工作，都不会觉得辛苦。热忱是实现工作理想的方式，用热忱点燃自己的工作，即便是最乏味的事情，也会变得富有生趣。很难想象，一个没有丝毫热忱的人会很好地完成自己的工作。我们每个人都应该学会用热忱去点燃自己的工作。

对于职业人而言，当你正确地认识到自身价值和能力以及社会责任时，当你对自己的工作有兴趣并感到个人潜力得到发挥时，你就会有一种被肯定的感觉，也会自觉自愿把承担的种种义务看作是“应该做的”，并产生一种巨大的精神动力。即使在各种条件比较差的情况下，非但不会放松对自己的要求，反而会更加积极主动地提高自己的各种能力，创造性地完成自己的工作。

美国德克萨斯州有一句古老的谚语：“湿火柴点不着火。”工作中，这句话同样适用。当自己觉得工作乏味、无趣时，有时不是因为工作本身出了问题，而是因为我们的着火点不够低。没有选择或现状无法改变时，至少还有一点是可以选择改变的，即积极投入地享受还是被动无奈地接受折磨，这取决于自己的心态。点燃我们心中的热情，从工作中发现乐趣和惊喜，在工作的热情中创造属于自己的奇迹吧！

不要斤斤计较

心胸狭窄、斤斤计较、自私自利也是缺乏职业危机意识的表现之一。许多员工把个人利益与公司利益分得清清楚楚，在工作中表现出一副例行公事的态度，觉得一份报酬一份付出，这是天经地义的事情。许多员工认为，在一个崇尚等价交换的社会里，自己给公司提供智力和体力，公司给自己发工资，是十分合乎情理的。

也许你会觉得自己已经在工作中投入了很多，却没有马上得到回报，而心有不甘。你会想既然不能升职，还不如忙里偷闲，反正也不会被开除、扣工资。这样一来，以后你就可能会拖延怠工，以免提前完成工作，会揽上其他的事务。久而久之，你的进取心将被磨灭。另外，如果你计较自己的付出没有在短期内得到回报，继而会产生抵触情绪，还会影响你在企业里的人际交往。

也许一开始你从事的是秘书、会计和出纳之类非常琐碎的事务性工作，你要经常问问自己，难道我要在这样的职位上做一辈子吗？事实上，成功者除了做好本职工作以外，还需要具有一些不同寻常的心理素质。

如果一个人在工作时能全力以赴，不计较眼前的一点儿利益，不偷懒混日子，即使现在他的薪水十分微薄，未来还是会有很大的上升空间。注重现实利益本身并没有错，问题在于现在的年轻人过分短视，而忽略了个人能力的培养，他们在现实利益和未来价值之间没有找到一个平衡点。

一个人如果钻到钱眼里去；如果总是算计着自己到底能拿多少工资；如果总是将自己困在装着工资的红包里，他又怎么能看到工资背后获得的成长机会呢？他又怎么能意识到从工作中获得的技能和经验对自己的未来将会产生多么大的影响呢？

为利益而利益，为计较而计较，就会使人变得心胸狭隘、自私自利。这不但对老板和公司造成损失，也会扼杀你的创造力和责任心。

怎么看待个人利益与公司利益之间的关系呢？许多员工将这一界线划分得清清楚楚，工作中表现出例行公事的态度，种瓜一定要得瓜，已经很难看到那种为公司付出智慧和体力的忘我精神了。

越来越多的员工认为自己“出售”给公司智力和体力，公司发给自己薪水，解决面包问题。在一个崇尚等价交换的商业社会中，这一切看起来都合情合理，但这又是一种极为短视的想法。因为，在工作中充分挖掘自己的潜能，不断丰富自己的知识和经验，对自己的人生发展更为重要。

许多人被短期的利益蒙蔽了双眼，看不清未来发展的道路。等到意识到问题的严重性，再奋起直追时，已经浪费和错过了最好的时机，无法赶上了。在这里，给职场的你一个建议："在你们开始工作时，不要太多地考虑薪水问题。要注重工作本身给你带来的价值——发展你们的技能，完善你们的人格品质……"

我们经常看到，许多看起来老实巴交、缺乏灵气的人在公司里步步高升，这是为什么呢？

有这样一位成就斐然的年轻人，他是一家大酒店的老板。一开始丝毫没有展示出有什么特殊才能，直到听了他被提拔的传奇经历后才恍然大悟。

"几年前，我还是一家路边简陋旅店的临时员工，根本就没有什么发展的前途可言。"他回忆道，"一个寒冷的冬天，已经很晚了，我正准备关门，进来一对上了年纪的夫妇。他们正为找不到住处发愁。不巧的是，我们店里也客满了。看到他们又困又乏的样子，我很不忍心将他们拒之门外。于是就将自己的铺位让给他们，自己在大厅睡地铺。第二天一早，他们坚持按价支付给我个人房费，我拒绝了。本来也就没有什么吗！"

"那对夫妇临走时对我说：'你有足够的能力当一家大酒店的老板。'"年轻人脸上露出憨厚的笑容，"开始我觉得这不过是一句客气话，然而没想到一年后，我收到了一封纽约来信，正是出自那对夫妇之手，还有一张前往纽约的机票。他们在信中告诉我，他们专门为我建了一座大酒店，邀请我经营管理。”

年轻人没有计较一夜的房费，而正是这一举手之劳，让他获得了一个梦寐以求的机会。

斤斤计较一开始只是为了争取个人的小利益，但久而久之，当它变成一种习惯时，为利益而利益，为计较而计较，就会使人变得心胸狭隘、自私自利。久而久之，还会阻碍你在事业上的发展。

《圣经》上说：“助人就是助已。”不要计较得太多，多做一点儿对你并没有害处，也许会花掉你一些时间和精力，但是可以吸引更多的注意，使你从竞争者中脱颖而出，你的老板、上司和顾客会关注你、信赖你、需要你，从而给你更多的机会。

今天种下助人的种子，总有一天会结出甜美的果实，最终受益的还是你自已。付出多少，得到多少，这是一个基本社会规律。也许你的投入无法立刻得到回报，不要气馁，一如既往地付出，回报可能会在不经意间，以出人意料的方式出现。除了老板以外，回报也可能来自他人，以一种间接的方式来实现。

任何一位普通人都会想：“公司和老板为我做了些什么？”而那些富有远见的人则会想：“我能为老板做些什么？”大多数人都认为尽自己的能力完成分配的任务，对得起自己的薪水就可以了。但这还远远不够，要想取得成功，必须付出更多，才能获得更多。

于是，有的员工变得日益小肚鸡肠，既阻碍公司的发展，也限制了自身的发展。这种类型的员工问自己最多的问题：“公司和老板能为我做点儿什么？”“我要如何做才能让自己得到的好处最多呢？”“我付出的辛苦对得起我的工资就行了，对吧？”他们会认为尽自己的能力完成分配的任务，对得起自己的薪水就可以了。这是在投机取巧，在斤斤计较，从长远来说，这样的不良心理，会给员工带来很多不利的影响，值得职场人士注意。

有的员工自认为在工作中已经投入了很多，可是还没能马上获得回报，于是心有不甘，心想既然不能升职，又不能加薪，还不如忙里偷闲，反正这样做也不会被扣工资或被开除。于是，他便有可能拖延怠工，以免把工作提前完成了会再揽上新任务。

心态要积极

身在职场，要坚信有一天一定能找到适合自己发挥的舞台。成功人士的“成功”往往源于心态。如果一个人的心态是积极的，乐观地面对人生，接受挑战和困难，那他离成功就不远了。这就像有人把一朵鲜艳美丽的玫瑰花拿到你面前，不知你会如何看待？你是会想“花下面全是刺”，抑或“刺上面全是花”？

初听起来，这两种想法没有什么区别，但是细想起来却差别甚大——认为“花下面全是刺”的人看到的只有“刺”，而刺上面那娇艳的花朵他却视而不见；认为“刺上面全是花”的人看到的是一朵朵鲜艳美丽的花朵，而那“刺”在他的眼里是无关紧要的。

不难看出，认为“花下面全是刺”的人看到的只是悲观、丑陋甚至痛苦，而认为“刺上面全是花”的人看到的却是乐观、美好和欢快。两种不同的想法，正代表了两种不同的思维——积极思维和消极思维。

世界上万事万物都是客观存在的，但是在思维积极和思维消极的人的眼里却是不一样的。思维积极的人敢于奋斗，思维消极的人则遇事畏缩，不敢向前，于是他们的个人境况就可能完全两样。

一位心理学家在一项研究中，为了实地了解人们对于同一份工作在心理上所反映出来的个体差异，来到一所正在建筑中的大教堂，对现场忙碌的敲石工人进行访问。

心理学家问他遇到的第一位工人：“请问您在做什么？”工人没好气地回答：“在做什么？你没看到吗？我正在用这个重得要命的铁锤，来敲碎这些该死的石头。而这些石头又特别硬，害得我的手酸麻不已，这真不是人干的工作。”

心理学家又找到第二位工人：“请问您在做什么？”第二位工人无奈地答道：“为了每天50美元的工资，我才会做这件工作，若不是为了一家人的温饱，谁愿意干这份敲石头的粗活儿？”

心理学家问第三位工人：“请问您在做什么？”第三位工人眼光中闪烁着喜悦的神采：“我正参与兴建这座雄伟华丽的大教堂。落成之后，这里可以容纳许多人来做礼拜。虽然敲石头的工作并不轻松，但当我想到，将来会有无数的人来到这儿，在这里接受上帝的爱，心中就会激动不已，也就不感到劳累了。”

三位工人面对同样的工作，同样的环境，却有如此截然不同的感受。

第一位工人是完全无可救药的人。可以设想，在不久的将来，他可能不会得到任何工作的眷顾，甚至可能是生活的弃儿，完全丧失了生命的尊严。

第二种工人是没有责任感和荣誉感的人。对他们抱有任何指望肯定是徒劳的，他们抱着为薪水而工作的态度，为了工作而工作。他们不是企业可信赖、可委以重任的员工，必定得不到升迁和加薪的机会，也很难赢得社会的尊重。

该用什么语言赞美第三种工人呢？在他们身上，看不到丝毫抱怨和不耐烦的痕迹，相反，他们是具有高度责任感和创造力的人，他们充分享受着工作的乐趣和荣誉，同时，因为他们的努力工作，工作也带给了他们足够的尊严和实现自我的满足感。他们不仅真正体味到了工作的乐趣、生命的乐趣，而且他们才是最优秀的员工，才是社会最需要的人。

第三种工人，完美地体现了西方的工作哲学：自动自发，视工作为快乐。这样的工作哲学，是每一个企业都乐于接受和推广的。持有这种工作哲学的员工，就是每一个企业所追求和寻找的员工。他所在的企业、他的工作，也会给他最大的回报。

或许在过去的岁月里，有的人时常怀有类似第一种或第二种工人的消极看法，每天常常谩骂、批评、抱怨、四处发牢骚，对自己的工作没有丝毫激情，在生活的无奈和无心的抱怨中平凡地生活着。

那么，我们如何才能做到像第三种工人那样开心愉快地工作呢？

首先是心态不能急，不能为了业务而放弃一些原则性的东西。比如，有一位员工从未主动找过一个客户，从入行以来一直是这样，但他必须让自己的客户知道摄影服务是他整个商品营销过程中相当重要的环节，而且也是走进市场的第一步。这个服务不是廉价服务，也不是只按快门的服务。有眼光的客户很容易明白这个道理。在这样一个经济低谷阶段，坚持这个根本性的原则非常重要。

其次，要把每一项工作落实到位。落实，说来简单，但要真正以实际行动来实践目标，实施计划，却并非是一件很容易的事。它需要有坚持不懈的韧劲，需要有坚定不移的意志。

最后，追求完美。一个人的工作有没有追求完美的精神，有没有坚持不懈的毅力，这对工作成效来讲有着本质的区别。这就像烧水，水烧到99度了，你想差不多了，不用再等了，而结果是对不起，你永远喝不到烧开的水，也就是说99%等于0%，此时的99与0就没有本质区别。

自动自发地工作

当你觉察自己的工作激情在逐渐减退时，不妨认真思考一下：什么是工作？我为什么工作？应该怎样对待工作？抱有激情是一种理智的行为，只有真正意识到工作的价值和意义，在工作中树立使命感，才能排除各种外界环境的干扰和影响，才能自动自发地对待本职工作，才能确保工作的快乐，而你在快乐的状态下完成的工作也是高效的、保质的。由此，你也会感受到人们对你的尊重。

我们知道，员工的工作情绪是否高涨很重要，为员工营造出快乐的气氛不仅可以提升员工的工作效率，激发潜力，而且还能够增强员工对企业与老板的忠诚度。

美国心理学家亚伯拉罕·马斯洛在著名的马斯洛需求层次理论中，将人的需求分为五种，像阶梯一样从低到高，按层次逐级递升，分别为：生理上的需求、安全上的需求、情感和归属的需求、尊重的需求、自我实现的需求。

五种需要可以分为两级，其中生理上的需要、安全上的需要和感情上的需要都属于低一级的需要，这些需要通过外部条件就可以满足；而尊重的需要和自我实现的需要是高级需要，它们是通过内部因素才能满足的，而且一个人对尊重和自我实现的需要是无止境的。

从企业角度来说，满足员工的生理需求、安全需求是基本条件，也是计算人力成本的最基本起点。单纯从追求忠诚度说，满足人性需求的第四层需求——满足员工受尊敬的需求是领导们最容易做到的，也是成本最低的。因为你付出的不过是真诚地点点头，笑一笑，问寒问暖等这些消耗不了多少卡路里的动作，但是却可能让员工产生“士为知己者死”的感动。

从员工角度来说，工作是我们每天都要面对的事情，一个人的一生中大概有1/3的时间在工作。工作是为了生存，也是为了实现自我价值。在占人生1/3的工作时间里，我们应该以怎样的心态面对呢？我认为大家应着重把握好以下几点：

第一点：规划职业生涯。

规划职业生涯，是对自己一生所有与工作相联系的行为与活动，以及相关的价值观、愿望等连续性经历过程的规划。凡事预则立，没有规划的职业生涯就会失去方向、事倍功半。我们要善于抓住当前的有利时机，依据所处的职业环境、个人的素质条件，设计和规划自己的职业生涯，明确长期的目标是什么，中期的阶梯在哪里，短期的门径是什么，具体打算怎么干。如果这个关键环节解决好了，那么工作就有了坐标和强力引擎。

第二点：倾注100%热忱。

热忱，是所有卓越成绩取得过程中最具活力的因素，最好的劳动成果总是由那些头脑聪明并具有工作热情的人完成的。对工作的热忱，等同于热爱自己的生命，这是人类最伟大的情操之一。诺贝尔物理奖获得者丁肇中说过："热忱比天才更重要。"成功与其说是取决于人的才能，不如说取决于人的热忱。有研究表明：一个人如果能满腔热忱地去工作，则能发挥出全部才能的80%~90%，否则，就只能发挥全部才能的20%~30%。如果留心，我们就会发现，在我们身边就有许多带着火热激情工作的员工。源源不断的热忱，让他们永葆青春，使他们心中充满阳光，表现出强烈的工作愿望。无论他们做什么工作，都能始终如一，全身心地投入，热忱成了引导他们做好工作，完成任务的磁石；他们自觉地把工作与生命的意义联系起来，即使是平凡、辛苦、枯燥的工作，也能从中感受到价值和乐趣的存在；他们把工作当成自己的事情，把与同事合作当成一种缘分，表现出了伟大的敬业精神。

第三点：积极主动勤奋。

所谓积极、主动、勤奋，指的是能够随时准备把握机会，展现超乎他人要求的工作表现，以及拥有"为了完成任务，必要时不惜打破常规"的智慧、判断力和超前性。那些识大体、顾大局，主动站在全局思考问题、正确对待个人与集体利益关系的员工；那些不用领导督促，主动做好工作的员工；那些交给任务，遇到问题后主动克服困难的员工；那些主动请缨，排除艰险，为团队、为单位创造佳绩的员工；那些具有开拓精神和拼搏意识，主动让“不可能”改写的员工；那些做时间的主人，做最好的自己，不断战胜自我，成为“不可替代”的员工，就是积极、主动、勤奋的敬业者。无可否认，单位里能让这些优秀员工越来越多，他们所面临和潜在发展的机遇也就会越多，腾飞的翅膀也就会更加强壮有力。

第四点：不要抱怨工作。

在现实中，我们难免要遭遇挫折与不公正待遇，每当这时，有些人往往会产生不满，不满通常会引起牢骚，希望以此引起更多人的同情，吸引别人的注意力。从心理角度上讲，这是一种正常的心理自卫行为。但是，抱怨的最大受害者是自己，我们都不是完人，也都渴望工作中能够得到公正的对待，这无可厚非。但如果总是抱怨，却不能够正确进行自我反省，总是怀疑环境，对工作抱怨不休，如果领导不跟踪你的工作，就一直拖下去，试问，这样的工作态度，领导有什么理由能够为你加薪，为你提升职位呢，就算有再多的机会，也因为你这种行为而错过了。

不管在哪个单位，都能发现许多有才华的人，但是他们却不一定处在重要的职位上，并不是因为他们没有能力，如果你与他们交流，总会发现他们对原有工作充满了埋怨、不满，要么就是怪工作环境不好，老板怎样苛刻、不会识人才。殊不知，这种结果正是他们自己的工作态度造成的，这种不停地抱怨让他们自己失去了责任感和使命感，只会抱怨工作的人，是不会找到工作的兴趣的，如果工作只是为了生存，没有自己的喜好，那活着还有什么意义，自己的路越走越窄，最后只会走进死胡同了。

抱怨也可以说是失败的一个借口，是逃避责任的一个理由。面对工作，就应该保持一种积极的心态，勇敢地去面对，这样，才能豁达地面对工作中的各种情况，而后走向成功。

职场应具备的素质

人在职场，随时要面对很多突发状况，如果没有良好的心理状态，那么你在事业上永远都只能是平凡微小的那一个。

很多的成功人士，都拥有良好的心理素质，让他们在遇到挫折和困难的时候不气馁，紧张和害怕的时候不退缩，具有稳定的心理素质，这才是他们成功的秘诀。

职场里你该具有哪些心理素质呢？变幻莫测的职场里该如保持住自己并且步步攀升，走向成功呢？一些心理素质可以帮你顶住职场压力，在职场里游刃有余。那么职场里你该具有哪些心理素质呢？

1. 社会敏感性

对人际交往性质和发展趋势的洞察力和预见力，善于把握人际交往间的逻辑关系。行动之前要思考行为的结果，设身处地地想一想他人处境，乐于与人交往，能设身处地体察他人的感受。

2. 社会接纳性

在承认人人有差别和有不足的前提下接纳他人，社会接纳性是建立深厚的个人关系的基础，真诚地对他人及他人的言语感兴趣，当别人用言语表达时认真倾听并注视对方。

3. 社会影响力

有以正直和公正为基础的说服力，有使他人发展和合作的精神，有一致性和耐力。善于沟通和交流。具有自信心、幽默等对情感的感染力，仔细、镇静、沉着等对行为的影响力，仪表、身姿等对视觉的影响力，忠诚和正直等对道德品德的感染力。

4. 进取心与责任心

进取心是使个体具有目标指向性和适度活力的内部能源，认真而持久地工作是个体事业成功的前提，而具有进取特质的个体也就具有了职业成功的心理基石。责任心强的人常能够审时度势选择适度的目标，并持久地、自信地追求这个目标，因而责任心强的人事业容易成功。

5. 自信心

自信为个体在逆境中开拓、创新提供了信心和勇气，也为怀疑和批评提供了信心和勇气，自信常常使自己的好梦成真。没有信心的人会变得平庸、怯懦、顺从。喜欢挑战、战胜失败、突破逆境是自信心强的特点。

6. 自我力量感

虽然人的能力存在差别，但只要个体具有中等程度的智力，再加上善于总结经验、教训，善于改进方法和策略，那么，经过主观努力之后，许多事情就能够完成。因此，可以把成功和失败归因于努力水平的高低和工作方法的优劣。

7. 自我认识、自我调节

了解自己的优势和短处，与组织环境的关系，善于调节自己的生涯规划、学习时间等。

8. 情绪稳定性

稳定的情绪对技术性工作有预测力。冷静、稳定的情绪状态为工作提供了适度的激活水平。焦虑和抑郁会使人无端紧张、烦恼或无力，恐惧和急躁易使人忙中出乱。

一个人想要成功，不可能只靠阿谀奉承、溜须拍马、左右逢源，更需要的是自强自立的意识、坚强不屈的性格、大胆硬朗的作风，并不断超越自我、内外兼修、增强素质、丰富内涵，从而在职场上真正找到一席之地。

那么，我们要如何做才能锻炼好自己的心理素质呢？要提高自己的心理素质需要不断地磨炼，但简单地磨炼是不行的，必须掌握一定的技巧。

1. 真材实料是提升心理素质的前提

有句话说得好“艺高人胆大”，如果说自己的技术水平到达了一定的高度，那么心里面自然就会比较踏实稳定。所以，想要好的心理素质，首先还是应该把自己的水平提高，才有提高心理素质的资本。

2. 克服自卑，远离害羞

很多有自卑心理的人，甘居人后，缺乏自信，无从发挥自己的优势和特长。自卑心理如果不克服，久而久之，就会逐渐磨损一个人的胆识、魄力和特征。所以，有自卑心理的人应该勇敢走出第一步，远离害羞心态，以此来提高自己的心理素质。

3. 经受挫折的锻炼才能修成正果

挫折是人生的必修课，是人生必经之路，是人生的财富。经过挫折的磨炼，人就拥有坚强有力的翅膀，拥有灿烂辉煌的未来。遭遇挫折，想想这挫折带给你的是不便还是困难，当你发现让你愤怒和沮丧的挫折不过是一种不便，你就会更容易采取积极的态度去面对它。

不为金钱所累

钱，学名货币，我们用来交换生活所必需的物品以及服务的一般等价物。事实上，从钱出现的那一天起，它就伴随着漫长的社会演变，逐渐超越了它本身的角色，而变成了人类安全感和满足感的重要来源，尤其现代社会，我们几乎将它看成了实现成就、价值以及树立自信的重要、甚至唯一的标准。从这个角度讲，没有第二个物种会像人类这样，如此冒险地将安全感建立在虚幻的货币上。

在心理学家马斯洛的五个层次的需要分析中，在当今社会中几乎都或多或少地跟钱有关系。也难怪有人说，钱不是万能的，但没钱是万万不能的。

正是出于这个因素，所以人们就不断地开始讨论，我们是在为自己工作，还是在为薪水工作。

我们知道，工作所给你的，要比你为它付出的更多。如果你将工作视为一种学习经验的途径，那么，每一项工作中都包含着许多个人成长的机会。

为薪水而工作，看起来目的明确，但是往往被短期利益蒙蔽了心智，使我们看不清未来发展的道路，结果使得我们在业务上落后于他人，即便日后奋起直追，振作努力，也无法超越。

那些不满于薪水而敷衍工作的人，固然对老板是一种损害，但是长此以往，他们埋没的是自己的才能，湮灭的是自己的创造力。

因此，面对微薄的薪水，你应当懂得，雇主支付给你的工作报酬固然是金钱，但你在工作中给予自己的报酬，乃是珍贵的经验、良好的训练、才能的表现和品格的建立。这些无形的财富与金钱相比，其价值要高出千万倍。

尤其是年轻人刚刚踏入社会时，不必过分考虑薪水的多少，而应该注意工作本身带给你们的报酬。譬如发展自己的技能，增加自己的社会经验，提升个人的人格魅力……与你在工作中获得的技能与经验相比，微薄的工资就会显得不那么重要了。老板支付给你的是金钱，你自己赋予自己的是可以令你终身受益的黄金。

能力比金钱重要万倍，因为它不会遗失也不会被偷。如果你有机会去研究那些成功人士 ，就会发现他们并非始终高居事业的顶峰。在他们的一生中，曾多次攀上顶峰又坠落谷底，虽起伏跌宕，但是有一种东西永远伴随着他们，那就是能力。能力能帮助他们重返巅峰，俯瞰人生。

人们都羡慕那些杰出人士所具有的创造能力、决策能力以及敏锐的洞察力，但是他们也并非一开始就拥有这种天赋，而是在长期工作中积累和学习到的。在工作中他们学会了了解自我，发现自我，并且使自己的潜力得到充分的发挥。

不为薪水而工作，工作所给予你的要比你为它付出的更多。如果你一直努力工作，一直在进步，你就会有一个良好的、没有污点的人生纪录，使你在公司甚至整个行业拥有一个好名声，良好的声誉将陪伴你一生。

有许多人上班时总喜欢“忙里偷闲”，他们要么上班迟到、早退，要么在办公室与人闲聊，要么借出差之名游山玩水……这些人也许并没有因此被开除或扣减工资，但他们会落得一个不好的名声，也就很难有晋升的机会。如果他们想转换门庭，也不会有其他人对他们感兴趣。

一个人如果总是为自己到底能拿多少工资而大伤脑筋的话，他又怎么能看到工资背后可能获得的成长机会呢？他又怎么能意识到从工作中获得的技能和经验，对自己的未来将会产生多么大的影响呢？这样的人只会无形中将自己困在装着工资的信封里，可能都不会知道自己想要的是什么。

不要看不起自己的工作，任何一个时代，创造价值都是被鼓励的行为，而不幸的是，这种“价值”慢慢被“财富”所代替，大家似乎认为只有创造钱才是创造价值。社会对钱的认知逐渐内化到每个人的思想中，让钱影响着我们的情绪，甚至是对自己的评价。金钱不再仅仅象征着经济上的安全感、社会地位，同时也是个人能力的象征，成为自信和自我价值的来源，也是一个社会人成功和满足的重要途径。当然，教育、职业或工作能力都会带给我们成功和满足感，但钱往往是具体和直接的，因此冲击力也更大。从某个角度，金钱成了推动每个人发挥能量和潜力的动机和动力。因此，在自由经济时代，全世界都对掌握财富的人士极力推崇甚至模仿。

但是，经济危机却在一夜之间改变了这一切。拥有150年历史的雷曼公司垮掉，国际保险公司破产，一夜之间金领沦为街头艺人，这一切都让我们的生存安全感受到严峻的挑战。原以为可以依靠的“钱”，顷刻之间化为乌有，变化超出预期和想象，而我们只能被动接受，无力、惊恐和失控成为内心的主题。事实上，经济危机带来的最大威胁就是破坏了我们的主观控制感，让我们感受到受挫、焦虑、抑郁以及对周围环境的无可奈何，这样，人类内心的安全体系就土崩瓦解了。

这样说来，金钱未必能给我们金钱上的安全感，如果你现在还以金钱作为你工作的动力，作为衡量自己成败得失的标尺，那就错了，工作的目的不仅仅是为了钱，这是身在职场的我们必须明白的道理。

热爱现有的工作

在经济不景气的时局下，作为职场中人，如何把握住现有的工作机会可谓是迫在眉睫之举。如何保住工作，使自己的职业生涯走得更加顺利，已经成为所有职场人士皆要面对的事情。一个成熟的职业人，走进职场的第一天，就应该有危机感，这种危机感不仅是来自与职场内同事和职场外同等资质人群的竞争，还包括站在自身长远发展的角度不断引导自己找到更加适合自己的职业发展之路。

生活中，一些年轻人本来有着丰富的知识、不错的能力，却由于他们经常不断地生活在抱怨中，而常常面临如何找到下一份工作的难题。像这样的年轻人可以说到处都有，他们最大的误区就是始终抱着

“我不过是在为企业打工”的工作观念。这样的工作观念，让无数年轻人错失了人生中宝贵的机会。

在职场上，我们经常会听到很多人这么说：“公司又不是我自己的，干吗那么卖命！”如今，这种想法具有很强的代表性，在许多人看来，工作只是一种简单的雇佣关系，做多做少，做好做坏，对自己意义不大。但是，大多数人并没有意识到自己在为他人工作的同时，也是在为自己工作——你不仅为自己赚到养家糊口的薪水，还为自己积累了工作经验，工作带给你远远超过薪水以外的东西。从某种意义上来说，工作真正是为了自己。所以，即使是工作，也要把握机会，全力以赴。

当一个人视自己的职业如自己的生命一般神圣，当一个人把自己的全部精力都投入到某一工作中去，可以说没有什么做不成功的事。

张艺谋的成功在很大程度上来源于他对电影艺术的诚挚热爱和忘我投入。正如传记作家王斌所说的那样：“超常的智慧和敏捷固然是张艺谋成功的主要因素，但惊人的勤奋和刻苦也是他成功的重要条件。”他就是能抓住机会并且肯尽全力付出的人。

拍《红高粱》的时候，为了表现剧情的氛围，他能带人亲自去种出一块100多亩的高粱地；为了“颠轿”一场戏中轿夫们颠着轿子踏得山道尘土飞扬的镜头，张艺谋硬是让大卡车拉来十几车黄土，用筛子筛细了，撒在路上；在拍《菊豆》中杨金山溺死在大染池一场戏时，为了给摄影机找一个最好的角度，更是为了照顾演员的身体，张艺谋自告奋勇地跳进染池充当“替身”，一次不行再来一次，直到摄影师满意为止。

敬业不仅意味着不畏辛劳、全身心地投入，更意味着一种献身的热情与勇气。如果一个人为了事业，可以不顾惜身体，甚至不顾惜生命，那么就没有什么困难克服不了，没有谁能与之匹敌。他在一次次较真的时候，在尽全力为自己争取“镜头”，争取“道具”，争取“角度”，争取拍摄效果的时候，其实也一次次争取到了观众的心，争取到了日后可观的票房收入。

1986年，摄影师出身的张艺谋被吴天明点将出任《老井》一片的男主角。没有任何表演经验的张艺谋接到任务，二话没说就搬到农村去了。

他剃光了头，穿上大腰裤，露出了光脊背。在太行山一个偏僻、贫穷的山村里，他与当地乡亲同吃同住，每天一起上山干活儿，一起下沟担水。为了使皮肤粗糙、黝黑，他每天中午光着膀子在烈日下暴晒；为了使双手变得粗糙，每次摄制组开会，他不坐板凳，而是学着农民的样子蹲在地上，用沙土搓揉手背；为了电影中的两个短镜头，他打猪食槽子连打了两个月；为了影片中那不足一分钟的背石镜头，张艺谋实实在在地背了两个月的石板，一天3块，每块150斤。

在拍摄过程中，张艺谋为了达到逼真的视觉效果，真跌真打，主动受罪。在拍“舍身护井”时，他真跳，摔得浑身酸疼；在拍“村落械斗”时，他真打，打得鼻青脸肿。更让人钦佩的是，在拍旺泉和巧英在井下那场戏时，为了找到垂死前那种奄奄一息的感觉，他硬是三天半滴水未沾，粒米未进，连滚带爬拍完了全部镜头。

张艺谋因此而荣获第2届东京国际电影节最佳男主角奖、中国第11届百花奖最佳男主角奖、第8届金鸡奖最佳男主角奖。导演吴天明这样评价说：“如果我们的专业演员都能下艺谋这样的苦功，我国银幕上虚假的表演不是可以大大减少吗？如果我们的电影创作者都能像艺谋那样全身心地扑到事业上，中国电影还愁赶不上世界先进水平吗？”吴天明的这段话，对于我们每个人，事实上都是很好的诘问。如果您不能把握住每一次有可能让自己成功的机会，并且执着于它，你就在工作中能获得令人咋舌的成就吗？

从张艺谋的身上，我们不难看出能力和特长是怎么来的。

工作是一种信仰，一种追求，一种凝结着心血和梦想的艺术品，一件用生命执行的事。试想，当我们对一项工作投入所有的时间和精力去努力时，最终会一无所成吗？善于发现机会，紧握机会，并且为之不懈努力，无疑是一个人成功的第一大要素。

让我们再来看一看下面的例子：1852年2月27日，航行在非洲海岸的“伯克哈德”号船只的失事谱写了一曲19世纪的英勇战士们壮丽的人生之歌。当该船缓缓地沉入大海的波涛之下时，该船最高主管威灵顿公爵正在参加英国皇家学会的一个宴会。当船只失事的消息传到英国时，一位知名记者这样写道：“我注意到在公爵对他死去的士兵的颂词中，根本就没有提及勇敢一词，而总是谈到他们的使命和服从。他多次重复这个意思。我猜想，在他眼里，士兵的天职就是用生命去执行任务，勇气已被视作一个当然的东西了。”一个人对某件事情的执着，竟然能产生出如此巨大的力量。这种精神值得每一位员工学习。但是，我们的执着，我们的善于抓住机会的初衷必须是积极向上的，否则就是失于职业道德，这是任何一个企业都不能容许的。

在工作中，有些岗位可能有机会挣到一些额外的收入，有些员工禁不住金钱的诱惑，抱着能挣一点是一点的想法，不顾公司的利益来者不拒，还以为老板看不见。或许老板一时看不见，但不会时时都看不见。

小秦在某公司成立时第一个入职的，学历高、水平高，人也灵活，老板很看重。由于公司规模小，很多杂务都由职员兼顾着做了。老板经常派小秦去采购一些办公用品，这时候，小秦发现了工作中隐藏着为自己增加收入的机会，在感受着“上帝”滋味的同时，时不时还能拿点儿回扣得点儿“好处”。

有一次，公司的宣传彩报设计好后，老板很满意，吩咐小秦马上找印刷厂印出来。和印刷厂的业务员讲好价后，小秦提出了一个要求，开票时多开了2000元钱入自己的口袋。

公司业务不断发展，老板扩大了公司的规模，租用了一幢六层楼房作为公司办公场地。老板领大家看楼时，边说着自己的计划边请大家当参谋。小秦在一旁喜不自禁，心想，如此大批量购置办公设备，那“好处……”

半个月后，小秦终于等到了老板召见的时刻，心想正是新办公楼购置设备的日子，高兴得一步三跳地进了老板的办公室。老板请他坐下后，微微笑着说：“小秦，我记得你是第一个进入公司的，这两年公司发展到今天，你功不可没啊。”

小秦谦虚地应着，觉得今天老板特别“啰唆”。老板继续说：“公司马上就要鸟枪换炮了，其实你是个很能干的人，老实说我有一点儿舍不得。”小秦感觉有一点儿不对路，果然，老板递给他一个装有结清他工资的信封。

“为什么？”小秦大声责问。当老板说出理由时，小秦无话可说。老板说：“公司发展了，完善管理是必需的，对那些有贡献的员工也该升职加薪了，对你的去留，我充满矛盾。留，则给个高位，但我又担心你的可靠性，所以……”

小秦万万没有料到，平日里忙得不可开交的老板竟然对他占公司的便宜的事情了如指掌。小秦在公司最辉煌的时候被炒了，离开公司那天，他后悔不已。

身在职场，平时的表现就是你的得分，到时候这个分数就起关键的作用。所以，我们在工作中还应该时常注意修炼自己的职业道德修养，提升自己的品行。而不是抓住每一次让自己占小便宜的机会。

所以说，热爱职业，勇于抓住机会表现自己，等同于热爱自己的生命，这是人类最伟大的情操之一。不惜一切代价和甘冒一切风险地遵从职责的召唤，这是最高尚的文明生活的本质体现。无论是过去还是现在，伟大的职业都值得人们去为之奋斗，值得人们为之神往、为之奉献自己的生命。

快乐职场

忙不完的工作、复杂的人际关系、上司的压力……面对种种问题，职场中人难得有一份好心情。其实拥有职场好心情并不难，你不妨试试以下几种方法：

1. 把自己看作自由人

想象自己是个独立承包者，你的雇主是位大客户，然后合理分配你的时间，以达到不仅满足客户所需，而且还有余地从各方面发展自己的事业。

2. 梦想少一点儿，计划多一点儿

考虑清楚有关自己理想职业的每一件事，从工作形式到工作环境，然后确定自己所追求职业的标准或目的。

具体方法：把所追求的理想职业划分成尽可能短的各阶段。如果发现自己目前正在任一个低级经理，或只是一名业务员，你就必须寻找一条能帮助自己达到另一职位的晋升之路。你可观察一下是否能调到另一部门，或者先谋个较低的职务，然后找机会进修；最低限度也要找出妨碍你日后晋升的不利因素。

3. 改变对待他人的态度

如果你每天早上一想到上班就害怕，部分原因大概是你与周围同事相处得不好。虽然你不喜欢与他们一起工作，但最低限度也应该和他们积极相处。当你在电梯里对人微笑时，别人也会报以微笑，在办公室也是如此。与相互不理不睬的人，一夜之间就建立亲密关系是不现实的，但若你真诚地去改善关系，你的同事迟早会感觉到这一点。假如你对周围一切都心存厌烦，包括厌烦你的工作、你的上司……你就更要用一种积极方式与人交谈，谈些你喜欢的事，至少你可能会找到与同事的某些共同点。

4. 工作娱乐两不误

有些人只知道拼命工作，一开始在晚上加1—2小时班，不久便整星期地加班，最后连周末也成了办公时间。实际上，工作成了霸占他全部光阴的横蛮宾客。这类人除了工作，几乎没有任何社交活动，这样时间长了，也很容易对自己的工作产生反感。偶尔参加一下娱乐活动，放松自己，拥有职场好心情，这样才有精力去更好地工作。

5. 寻找工作外的成功

许多人只把来自办公室的成绩看成真正的成功，结果这些人唯有事业上春风得意时才会开心，而一旦工作遇到麻烦，就感到羞辱不堪。如果我们能够把自己的癖好和业余活动当作本职工作一样认真对待，并同样引以为豪，那么在工作中受挫时，就容易保持一种积极的态度。

6. 放慢工作速度

如果你被紧张的工作压得喘不过气来，最好立即把工作放一下，可能你会做得更好。同时还要注意合理地安排作息时间，比如严格执行自己制订的作息制度，使生活、工作都能有规律地进行。

7. 运动

有研究认为，运动可以战胜忧郁。运动能够让你由于压力过大而萎缩的细胞重新活跃起来，帮助你换一种心情去发现自己。在运动中，压力、烦恼、困惑、焦虑，在不知不觉中一扫而空。

8. 保持一颗平常心

要永远保持一颗平常心，不要与自己过不去，凡事需量力而行，随时调整目标未必是弱者的行为。职业女性尤其要注意及时自我调节，因为过于沉重的心理压力必将损害健康。

9. 量力而行

首先要正视自己的精力，凡事不要勉强，把所有事情尽量进行全面安排，分清轻重缓急。同时，要正确、客观地评价自己，对自己的期望值不要过高。讲究方法，寻求支持。在学会合理地安排生活、工作时间的同时，要相信家人和朋友、同事，不要事事亲力亲为，而是要发动大家共同把事情做好。

10. 忙里偷闲

无论生活、工作再紧张再繁忙，也要保持有规律的生活，有张有弛，尽量避免做过多的事情。重要的是，要尽量挤时间和家人在一起，要注意丰富个人业余生活，彻底放松自己，享受自己的时间。

发挥你的控制力

不可否认，人性本身是放纵、散漫的，其表现就是对目标的坚持、时间的控制等做得不到位，事情不能按时完成。如果拖延已开始影响工作的质量时，就会变成一种自我懈怠的形式。如果你稍微松懈一下，很容易就会浪费掉很多时间，你的工作计划就都会遭到破坏，不能按时完成，这样就会使未完成的事情越积越多，长此下去，必然影响到你的工作绩效和职场竞争力。

一般来说，失去控制感是上班族不可避免的关卡。遭遇情绪低落的时期因人而异，但周期性的反复出现是其一大特征。在这段时期会无法集中精神工作，天天觉得日子空虚难耐。形成这种状态的原因各有不同，其中占大多数的是工作太单调。

面对单调的工作，绝对不要逃避它，应该积极地挑战工作，努力寻求自我突破。

要改变消极的工作状态，除了自己之外，别人绝对帮不上忙。当你着手开始工作时，一定要全身心地投入，千万不能三心二意、消极怠工。如果你能认真到忘我的程度，你就会体会工作的乐趣，就能克服困难，而不是给自己增设困难的屏障。

不过，即使在这样的大环境中，依然有一些事情可以帮助我们恢复控制感，让我们随着各种指数上下扑通的心脏略略安适。

第一，我们可以从简化生活开始，削减不必要的开支，降低对物质生活的要求。这并不是要你放弃一切物质享受，而是建议你将自己的需求列一个清单，选择最重要的，或相对代价最低的优先满足。同时，减少信用卡的使用，要知道这一切灾难的源头就来自不负责任的超前消费。

第二，寻找社会支持，在就业面临挑战，职位朝不保夕的时候，家人的理解和支持无疑是最为重要的，来自家庭的温暖可以提供无条件的安全感，而家庭往往也是我们通过积极行动可以影响和把握的。此时，朋友也显得更为重要，知道自己不是孤独地面对这一切。

第三，专注于你可以控制的方面。要知道，生活中某一方面控制感的丧失可能会泛化至生活的方方面面，反过来某个领域控制感的提升也可以在整体上改善我们对生活的掌控能力。所以不妨多从事一些在你控制范围之内的事情，比如你的兴趣爱好，特别是创造性活动以及能够发挥你技能的体育运动。研究表明，运动本身也能舒缓情绪。

第四，学会接纳当前的困境。接纳并不是被动地接受，坐以待毙，恰恰相反，接纳让我们不再纠缠于不能改变的现实，而是投入到制订有效的策略和积极行动之中。往往当我们投入行动之中，恐惧、焦虑和失控的感觉都会随之减轻，这也是“接纳和投入疗法”的核心思想。

在工作中，我们很难见到一些人固执于某种行为或处事模式而同时又对结果不满意。他们只会抱怨，同时把责任推给他人、环境及世上任何事物。自我局限的观念是一种画地为牢导致无法突破的执着。走出你自己画下的疆界吧！

一位刚从管理系毕业的美国大学生去见一家企业的老板，试图向这位总经理推销“自己”到该企业工作。

可这家很有名气的公司根本没把这个刚毕业的小伙子放在眼里，总经理三言两语便想把他打发走：“我们这里没有适合你的工作。”

这位大学生并未知难而退，而是另辟蹊径，话锋一转，向总经理提出了疑问：“总经理是觉得贵公司已经人强马壮，完全可以在市场上独占鳌头，不需要再有人员加入了，哪怕他有天大的本事，也对贵公司无益了。再说像我这样刚毕业的学生是否有能力还是未知数，宁可拒之门外，也不可贸然使用，是这样的吧？”

总经理无言以对，半晌才说：“你能将你的经历、想法和计划告诉我吗？”

年轻人似乎很不给面子，他又将总经理一军：“噢！抱歉，抱歉，我方才太冒昧了，请多包涵！不过像我这样的人还值得一谈吗？”

总经理催促着说：“请不要客气。”

于是，年轻人便把自己的情况和想法说了出来。总经理听后，态度变得和蔼起来，并对年轻人说：“我决定录用你，明天来上班，请保持你的进取精神和对工作的热情，相信你会有远大的前程！”

现在是一个竞争激烈的年代，要想取得成功，就必须突破固有的规则，保持一定的控制力，从而展现全新的自我。

凡是一个人不相信自己能够做成一件从未为他人做过的事时，他就永远不会做成它。你能觉悟到外力之不足，而把一切都依赖于你自己内在的能力时，不要怀疑你自己的见解，要信任你自己，尽量表现你的个性，发挥你的控制力，让别人注意你，让自己脱颖而出。

别在安逸中消磨了能量

许多时候，我们看到很多人都失去了安全感。这对一个人来说，是好事还是坏事呢？

我们知道，故步自封和过度的自我满足让人的眼界变得越来越小。而有些人宁可在暂时的安逸中沉湎，也不愿意提高自身的能力和核心竞争力以适应环境变化。

有一只青蛙生活在井里，那里有充足的水源。它对自己的生活很满意，每天都在欢快地歌唱。有一天，一只小鸟飞到这里，便停下来在井边歇歇脚。青蛙主动打招呼说：“喂，你好，你从哪里来啊？”鸟儿说：“我从很远很远的地方来，要到很远很远的地方去。”青蛙很吃惊地问："天空不就是那么大点儿吗？你怎么说很遥远呢？"鸟儿说："你一生都在井里，看到的只是井口大的一片天空，怎么能够知道外面的世界呢！"青蛙听完这番话，惊讶地看着鸟儿，一脸茫然和失落。

这是我们早已熟知的故事，或许感到有点儿好笑，但在现实生活中，却仍可以看到许许多多的"井底之蛙"，短浅的眼光和狭窄的心胸将他们的思想禁锢在一个自满自足、小富即安的境界里，在发展上安于现状、不思进取，最终落一个惨遭淘汰的命运。

在一个经典的心理研究中，参加者被分成了两组。第一组有两种选择：100%概率获得500美元的礼物，或者50%的概率获得价值1000美元的礼物。第二组同样有两个选择，要么100%概率的损失500美元，要么50%概率的损失1000美元。其实每组的两个选项客观上是等价的。但在第一组中，有84%的人选择了500美元的礼物，而第二组中却有70%的人选择了赌一把。

从1979年诺贝尔经济奖得主卡尼曼的初次尝试到今天，类似的实验以不同的形式被不停地重复，结果惊人的一致。基于此，卡尼曼提出了蜚声国际的"前景理论"：（a）大多数人在面临获得的时候是风险规避的；（b）大多数人在面临损失的时候是风险偏爱的；（c）人们对损失比对获得更敏感。大部分人都想确定得到，因为我们渴望安全和稳定，而面对损失时，我们却总抱着"也许不是我"的侥幸心理，宁可冒险也不愿意面对必然的损失。人们对损失和获得的敏感程度也是不同的，损失的痛苦要远远大于获得的快乐。

但心理学研究证明，即便如此，我们也常高估了好消息对我们的影响力而低估了我们对坏消息的适应能力。多项研究表明，那些曾经认为获得彩票头奖就能改变一生的人，在真的获得幸运之神的眷顾后，很快就会从狂喜回到现实；而遭遇车祸的倒霉蛋大部分也会在一年左右的时间内恢复到之前的幸福感水平。想一想，你还记得一年前让你幸福满满或痛苦难眠的事情吗？

为了让我们对目前的困境有一个客观地认识，心理学家建议大家花几分钟完成下面的练习：第一步，把你目前面临的损失或困难写下来，比如“我被裁员了，失业了”；第二步，写下你能预期的最坏结果，比如“我可能会露宿街头”；第三步，评估最坏结果的可能性，用百分数标出。然后，再从最积极的信念出发，比如“市场会在不久后稳定下来，我能够找到好工作”，按照上面的过程写出最好的结果，同样为可能性评分。从这两张图中找出那些可能性比较大的结果。通过使用这样的清单，我们可以更客观地看待眼前的问题，并抓住关键，以此也能缓解我们的焦虑。

无疑，今日全球的经济动荡让很多人寝食难安，追求安全感固然是我们的基本需要，但是正如作家海伦·凯勒所说，“安全感几乎是一种迷信，它在自然界并不存在。”拥有绝对安全感的人早就被进化淘汰了，因为他们不能感知危险，对危险也没有记忆和准备。

幸好，我们不是。我们在“不安全感”中不断前行。但我们也应该看到，信息的落后和自我张狂会让自己和现实离得越来越远。特别是在竞争日趋激烈的今天，故步自封和过度的自我满足只会让你的世界越来越小，并时刻有被淘汰的危险。因此，职场中的每个人都应该走出“小我”，积极地提升自身的能力，开阔自己的视野，这样才能在汹涌的时代大潮中立于不败之地。

下面，我们再讲一个有关青蛙的故事。在19世纪末，美国康乃尔大学做过一次有名的青蛙实验。他们把一只青蛙冷不防丢进煮沸的油锅里，在那千钧一发的生死关头，青蛙用尽全力，一下就跃出了那势必使它葬身的滚烫的油锅，跳到锅外的地面上，安全逃生。

半小时后，他们使用同样的锅，在锅里放满冷水，然后又把那只死里逃生的青蛙放到锅里，接着用炭火慢慢烘烤锅底。青蛙悠然地在水中享受“温暖”，等它感觉到承受不住水的温度，必须奋力逃命时，却发现为时已晚，欲跃无力。青蛙全身瘫痪，终于葬身在热锅里。职场中，我们随处可以看到，许多人安于现状，不思进取，在浑浑噩噩中度日，害怕去面对不断变化的环境，更不愿增强自己的本领，去发挥自身的优势以适应变化，最终却在安逸中消磨了能量，荒废了青春，最终也耽误了事业。

突破自我局限

各种规则可以帮你轻松地完成某些事，但也让你找到循规蹈矩的理由，束缚你的创新意识，扼杀你的进取精神。

凡是取得成功的人，莫不是努力进取，善于打破陈腐的规则，突破自我的局限的人。

无畏的气概、创造的精神，是一切伟人的特征。对于陈腐的规则和过时的秩序，他们是不放在眼里的。

能够成就大事业的人，永远是那些信任自己见解的人；是敢于想人所不敢想，为人所不敢为，不怕孤立的人；是勇敢而有创造力的，做前人所未曾做的人；是那些勇于向规则挑战的人。

日本著名的企业家本田宗一郎就是这样一位勇于突破自我局限的人，他知道怎样才能取得成功，除了要有良好的制造技术，还要有勇于进取、突破常规的勇气。

第二次世界大战结束后，日本遭逢严重的汽油短缺状况，本田先生根本无法开着车子出门买家里所需的食物。汽车开不成了，给生活带来了很大的不方便，本田先生就转变思路，寻找既方便又省油的方法。他突破常规，尝试着把马达装在脚踏车上。他知道如果成功，邻居们一定会央求他给他们装部摩托脚踏车。果不其然，他装了一部又一部，直到手中的马达都用光了。他想到，何不开一家工厂，专门生产所发明的摩托车？可惜的是他欠缺资金。

最后他想出了一个主意，他决定求助于日本全国20000家脚踏车店。他给每一家脚踏车店用心写了封言辞恳切的信，告诉他们如何借着他发明的产品，在振兴日本经济上扮演重要的角色。结果说服了其中的8000家，凑齐了所需的资金。然而当时他所生产的摩托车既大且笨重，只能卖给少数摩托车迷。为了扩大市场，本田先生动手把摩托车改得更轻巧，一经推出便大受欢迎。随后他的摩托车又外销到欧美，从20世纪70年代本田公司又开始生产汽车并获得好评。

本田先生勇于突破自我，取得了事业上的成功。细想在世界上，又有哪一种成功不是因为勇于突破自我束缚的局限呢？

但是，现实中的大多数人，在一种被束缚、被阻碍的不良的工作环境中；在一种足以泯灭热诚、丧失志气、分散精力、浪费时间的工作氛围中。他们没有勇气去斩除束缚他们的桎梏，也没有毅力去抛弃旧有的一切。

“胆怯”也足以阻碍人的自由。许多青年男女，都有志于向前，有志于表现他们自己，但被过度的胆怯与缺乏自信所束缚、所阻挡，他们的内心跃跃欲试，但总害怕失败，而不敢行动。怕别人讥讽和嘲弄，害怕流言蜚语，这种恐惧心理会导致他们不敢说话、不敢做事、不敢冒险、不敢前进。他们等待又等待，希望有一种神秘的力量，可以释放他们，并给予他们以信心与希望。

铲除一切阻碍、束缚我们的东西，走进一个自由而和谐的环境中，这是事业成功的首要准备。

勇于突破自我的束缚，表现在工作上，就是要敢于向“不可能完成”的任务挑战！

勇于向“不可能完成”的工作挑战的精神，是获得成功的基础。职场之中，很多人虽然颇有才学，具备种种获得老板赏识的能力，但是却有个致命弱点：缺乏挑战的勇气，只愿做职场中谨小慎微的“安全专家”。对不时出现的那些异常困难的工作，不敢主动发起“进攻”，一躲再躲。他们认为：要想保住工作，就要保持熟悉的一切，对于那些颇有难度的事情，还是躲远一些好，否则，就有可能被撞得头破血流。结果，终其一生，也只能从事一些平庸的工作。

一位老板描述自己心目中的理想员工时说：“我们之所急需的人才，是有奋斗进取精神，勇于向‘不可能完成’的工作挑战的人。”具有讽刺意味的是，世界上到处都是谨小慎微、满足现状、惧怕未知与挑战的人，而勇于向“不可能完成”的工作挑战的员工，犹如稀有动物一样，始终供不应求，是人才市场上的“短手货”。

珍妮佛·露茜在学校时是一个有名的才女，她不但具备很强的专业素养，论口才与文采也是无人可与之媲美的。大学毕业后，在学校的极力推荐下她去了一家小有名气的公司。

公司里，每周都要召开一次例会，讨论公司计划。每次开会很多人都争先恐后表达自己的观点和想法，只有她总是悄无声息地坐在那里一言不发。她原本有很多好的想法和创意，但是她有些顾虑，一是怕自己刚刚到这里便“妄开言论”，被人认为是张扬，是锋芒毕露，二是怕自己的思路不合领导的口味，被人看作是幼稚。就这样，在沉默中她度过了一次又一次激烈的争辩会。有一天，她突然发现，这里的人们都在力陈自己的观点，似乎已经把她遗忘在那里了。于是她开始考虑要扭转这种局面。但这一切为时已晚，没有人再愿意听她的声音了，在所有人的心中，她已经根深蒂固地成了一个没有实力的花瓶人物。最后，她终于因为跳不出自己的思维局限，因为她的保守思想付出了代价，她失去了这份工作。

可见，作为职场人士，大胆地放开思路，突破自我的思想局限，努力进取，是取得成功的必要保证。

第五章
做最优秀的员工

做最优秀的员工

企业需要各种不同的人才为其工作，具备领导组织能力更是企业所需要的。某些技术方面的专才，虽然能够在其技术领域内充分发挥才能，却并不一定完全适合担任管理工作。一个合格的员工必须从基层开始，经过各种磨炼，才能逐步由中层迈向高层，使其适得其位，一展其才。

那么下面让我们一起听听糕饼店的老板是如何讲述他的糕饼店小伙计的吧。

麦迪是我开第一个糕饼店的时候雇的伙计，现在他拥有我的3个连锁加盟店，所以他不仅仅是我的下属，而且是我的客户兼合作伙伴。

在他还是个小伙计的时候，有一次他跑来找我，向我抱怨道："为什么隔壁花店的丽娜每月有1000元而我只有800元？我们的工作时间一样，而我甚至比她更忙。"

我笑了，对他说："那是因为你还没有能够做到让我离不开你啊。而我用800元可以随时雇到一个伙计，因此我也不可能给你涨工资，不是吗？"

"那我要怎样才能使你离不开我？"

"嗯，这样吧，现在只有附近的3家公司订我们的糕点做员工福利点心，如果你能再使3家公司订我们的糕点，我不仅给你涨工资，而且还会另外发给你500元的奖金，如何？"

麦迪马上开始忙碌起来。事实证明，他的确非常有能力。最终，我履行了我的诺言。

然而，过了一段时间，我却明显发现麦迪似乎并不那么努力了，我找他谈了一次。他对我说："我只是不明白，我做得那么认真，可这并不是我的公司，那我是否还有必要那么努力呢？"

我深思了一会儿，告诉他："作为这家店的主人，无论我怎样说可能都有一些自私。然而，有一点你不得不承认：如果有一天你希望拥有一家自己的糕饼店，那么你更应该将这家糕饼店当作自己的店一样努力工作，因为这样你才能够学会更多的东西，为自己打好基础。如果你并不想拥有自己的糕饼店，只是希望能在这里获得更好的待遇，那么你当然要更加努力工作，让我心甘情愿为你涨薪水。"

在接下来的很多年里，我和麦迪共同努力取得了很好的成效，我们开始有连锁店了。有一段时间，麦迪想自己开糕饼店，因为他已经完全具备这种能力了。但是那个时候我也的确离不开麦迪，所以我向他提出，给他一定的股份，并且允许他开加盟店，毕竟我们的店已经有了一定的知名度，这样也避免了他的风险。最后麦迪欣然应允了。

每当我的儿子向我抱怨现在工作的公司不是自己的公司，因此他没有动力好好工作的时候，我总会对他说："你以为你爸爸想给麦迪股份和开加盟店的特权吗？那是他用能力换来的！如果你不把你现在所在的公司当作自己的公司一样好好努力，那么你就别想你们公司重视你，给你优厚的待遇，也别想有一天自立门户，别人的公司都管不好，怎么管理自己的公司呢？"

公司是别人的，但舞台却是自己的，只有具备一种主人翁精神，才能从工作中学到更多的知识，才能最大限度地施展自己的才能并取得利益。

一个聪明的人，总是善于利用自己的工作，将其变成自己发展的舞台。

弗郎西斯是一家商店的理货人员，他的工资很低。在他刚刚进入这家商店的时候，老板对他说："你必须对我们的整个生意的所有细节熟门熟路，这样你才能成为一个有用的人。"

和弗郎西斯同时进商店的人对此不屑一顾，认为这样一份不起眼的工作根本不值得认真去做，只要每天把货物堆上货架就行了。可是，弗郎西斯却不认为这是一项简单的工作，他工作的时候十分认真。

每一天，弗郎西斯都兢兢业业地工作，对公司的工作流程也一点点熟悉起来。他注意到老板总是要仔细地核对那些进货的账单。由于从很多厂家进货，账单写得很乱，每天老板都要花去很多时间。一天，老板有急事，弗郎西斯就主动要求帮助老板检查账单。他做得很好，老板觉得很满意。于是，从那天以后，检查账单就变成了弗郎西斯的工作。

又过了一段时间，老板把弗郎西斯叫进了办公室，说："弗郎西斯，我打算让你来管进货。你知道，这对于我们商店来说很重要，只有完全能够胜任它的人才能做好。现在，在我们的商店里有好几个和你差不多大的年轻人，但是，只有你看到了这个机会，而且你凭借自己的努力，抓住了这个机会。"

弗郎西斯的薪水很快增加了。几年后，他已经是那家商店的总经理了。

我们很多人单纯地为了生存而工作，忽视了公司这个发展自我的大舞台，以致完全看不到日复一日的琐事中还隐藏着成长的机会。甚至有很多人把别人的成功看作是运气，似乎不费吹灰之力，只要碰上了就能够平步青云。其实，任何工作中都隐藏着机会，它们就像是矿藏中的金属，只有那些在工作中用心去挖掘的人才能够发现。

老板喜欢什么样的员工，答案可以有很多个，但你至少应该成为主动型的员工，主动求教，主动承担责任，主动提升自己。自己成为主动型的员工，你将获得更多的机会，成为职场中的一朵奇葩。

保持空杯心态

如果说找到一份喜欢的工作、一家适合自己的公司是良好职业生涯的开始，积极表现、努力工作是被提升的关键，那么，是否拥有一个健康的心态，将是你能否快乐工作的决定因素。在这里，讲讲“保持空杯心态”的重要性。

在企业界流传着这样一个故事：

一个刚参加工作不久的年轻人找到一位著名的企业家，向他请教有关成功的秘诀。企业家要求他先介绍一下自己，于是年轻人用了很长一段时间讲述自己的良好品质以及所取得的成就。当这位企业家针对这个年轻人的实际情况提出有关工作态度和职业方向的建议时，年轻人却并不愿意接受，他觉得自己有更好的主意，因为自己其实已经取得了一些成绩，只不过这些成绩是在其他领域。这个年轻人相信，这些经验肯定也可以运用到这家企业。因此，无论企业家说什么，年轻人总是有一个更好的主意。

于是，企业家拿起一个装满酒的玻璃杯，请年轻人拿在手上，然后自己又从旁边提来一壶酒，慢慢地往玻璃杯中倒。因为玻璃杯已经满了，所以酒沿着杯壁流到了地上。可是，这位企业家仍然继续倒着，直到年轻人惊讶地喊出来："您别倒了，再倒就都浪费了！"

这时，企业家才不紧不慢地收回手说道："这句话正是我想说的。这壶酒和我想教你的东西是一样的——都是浪费。你已经像这个杯子一样装满东西了。"

年轻人问道："我现在的经验难道毫无价值了吗？"

企业家说："你的思维方式使你成为现在的样子，并且拥有了现在的东西。按照同样的方式思考下去，你不会达成自己所希望的目标。你走吧，等你丢掉原有经验的束缚再回来。到那时候，我的东西才能够教给你。"

这个故事给我们讲明一个道理，那就是只有保持空杯心态，才能够接受新的知识，做出更大的成就，你才能够不断成长，不断进步。

尊重你的公司

公司就像一艘大船，你就像是上面的一位乘客，它载起了你许许多多的梦想和希望。只要身在公司这艘船上，船就是你的依托，你不要轻视它，否定它。因为轻视公司也就是小看自己。

据了解，许多企业家都有这样的共识：企业需要的优秀员工，不是说他要有多高的学历、多丰富的经验、多好的技术，而是他对工作是否具有认真负责的精神和积极勤勉的心态。如果一个人，无论是在卑微的职位上，还是在重要的职位上，都能秉承一种负责、敬业的精神，一种服从、诚实的态度，并表现出完美的执行能力，这样的人一定是企业的最佳选择。

的确，现代职场中的竞争，表面上看似是能力的竞争，而实质上却是心态的竞争。因为每个人的心态不一样，所以每个人投入工作的积极程度会不一样，努力程度不一样，认真程度不一样，负责程度不一样，从而成长的速度会不一样，提升的速度会不一样，最终导致每个人的能力不一样，结果也就不一样了。

比尔·盖茨也曾经这样说:“无论你做什么事情，如果不摆正自己的位置，不摆正自己的心态，将一事无成。”一个人取得职业或事业的成功，除了聪慧和勤奋之外，靠的就是积极的工作心态，对自己、对工作的责任心。的确，我们常常无法改变自己在工作和生活中的位置，但完全可以改变对它的态度和方式，唯有把它当作一种不可推卸的责任，全身心地投入，才能收获更多的快乐和成功。凡是真心投入什么，在生命中就会体验到什么。

这个世界没有毫无缺点的公司，所以当你看见自己公司缺点的时候，一定要想别的公司绝对也有这样的缺点，如果这个时候你不去检讨自己，看看自己的错误，你的错误与痛苦将在工作中轮回，觅不到工作欢喜的滋味。这个世界没有毫无缺点的公司与工作，认识到这点，就是一个好的开始。

有许多员工在离开工作之前就已经有征兆了，那就是长时间地抱怨自己的工作，有的抱怨时间大约与其工作的时间一样长。他们离开这份工作之后，或许初期有些喜悦，但也有不少人会开始怀念那个以前自己花了很多时间在背后说坏话或者抱怨的公司，也开始从这个过程中了解自己，了解工作真正的样子。人要有驯服之心，开始接受有缺点的公司与工作，才能真正开始发挥自己的能力去改造这一切。如果你没有瞧不起公司的心，是因为你有尊重的心，尊重会让所有的事物充满优点，也让所有的人、事、物充满能量，让你的人生走到哪里都是顺利的。

许多高层主管，不管在任何场合，对自己的工作与公司都是充满崇敬的，这种崇敬已经让他们忽视了公司可能存在的微小缺点。就是这样的心，这样的忠诚，让他们取得了这样的地位与成就。

相反，如果自己都看不起自己的公司，不但不能为之奋斗努力，成就一番事业，也可能坠入抱怨的泥潭，再也无法自拔。更有甚者，面临被炒鱿鱼的危险。

作为公司的一员，难免有时候会受到不公平的待遇，这种情况是在所难免的。你可以通过正当的途径向公司反映，请求公司做出补偿。但是，有些人往往会采取消极对抗的态度，通过发牢骚表达对公司的不满，以期引起上司的注意。这虽是一种正常的心理自卫行为，但却是许多老板心中的痛。大多数老板认为，牢骚和抱怨不仅惹是生非，而且造成组织内员工间彼此的猜疑，打击士气，严重影响团队的工作效率。

既然如此，员工就应该重视心态对一个人的重要意义，千万不可轻视公司。

尊重自己的工作

没有任何工作是不值得我们去做的，无论你做什么工作，无论你面对的工作环境是松散还是严格，你都应该认真工作，不要老板一转身就开始偷闲，没有监督就不工作。你只有在工作中锻炼自己的能力，使自己不断提高，加薪升职的事才能落到你头上。反之，如果你做事得过且过，马虎敷衍，时间长了老板一定会发现。

小王刚从云南来到北京时，想在文化公司找工作，但是由于人生地不熟，再加上经验不足，找了一段时间后却毫无结果，最后，迫于无奈，她只好在一家酒店当服务员。

但是，小王并不气馁，她工作相当尽责，总是带着微笑服务。几个月后，一位经常光顾的客人问她："我觉得你应该不会一直做服务员吧！你还打算做些什么事情呢？"

她说："我想做编辑方面的工作，所以，我晚上上班，白天出去找工作。"

恰巧，这位客人是个著名的出版商，正在招聘一位聪明能干的助理。于是，他安排小王面试，最后小王顺利地获得了这份工作。

小王实践了"把工作做到最好"的原则。她认为，服务员的工作虽然不是她最想做的工作，但是在没有找到更好的工作之前，她认为服务员的工作就是最值得自己做的工作，并尽力把它做到了最好。

换句话说，是工作使我们的能力得到提高，工作可以让我们的生活有经济保障，可以让我们的日子因为忙碌而充实，工作中我们认识了很多朋友，拓展了交际范围……这些都是我们从工作中获得的实在利益，从这个角度看来，不论是做什么工作都是值得我们努力去做，并尽力做好的。

不管是初涉职场，还是有丰富的工作经验，重视自己的工作都显得尤为重要，当然，做到这一点的前提条件就是要把自己的思想集中到自己的工作之中。

小罗出生于公务员家庭，因为是独生子女，从小在家中受到家人的百般宠爱，毕业后找工作也非常顺利，刚刚实习完，就被一家公司在校园招聘走了。但是，进入公司后，她发现自己的生活状态变了，开会时，自己没有太多的发言权；工作中，经常不顺心，因为是设计专业毕业，她所从事的恰好是本专业工作，但是，当她拿出设计作品后，主管说她没创意，同事们也对她所干的活儿指指点点，因此，使她非常懊恼，对工作也就失去了新鲜感。她每天上班时除了上网偷偷和网友聊天之外，对自己的工作也就不太上心了，所以，惹得老板和主管都非常恼火，刚刚两个月一过，她就在公司待不下去了，主动交了辞职信，开始在职场寻找新的东家。

当预期的职业环境发生变化时，逃避成了小罗的第一选择。尽管小罗的工作中有一些不尽如人意的地方，但这些都是职业场合中普遍存在的现象。其实，是那些和领导、同事发生的矛盾，让她产生了逃避心理，于是故意地夸大了工作中的不利一面，也因此降低了对工作的兴趣。通过测评发现，小罗的心理承受力比较弱，非常在乎别人的评价，害怕出现不完美的结果。因此，她现在面临的问题是如何增加在职业压力面前的承受能力，而不是如何逃避职场的压力。

参加工作的头几年，是职业素养和工作习惯养成的关键时期，此时形成的心态将对日后的职业发展产生重大的影响。很容易被大家忽略的是，与工作相处就好比与自己的爱人相处，热情和兴趣是需要不断培养的。

我们生存在一个瞬息万变的社会之中，每天都会有新的思想和经验等待交流。所以，初涉职场后，我们一定要放下自己的架子，百分百重视自己的工作，虚心向别人讨教，并把思想集中于自己手头的工作上，那么，我们就可以突破自己刚刚步入职场的局限性，并最终奠定自己坚实的工作基石。

小孙在学校学的是中文，本来他想毕业后到一家学校当一名老师，但是，在人才市场上忙忙碌碌找了三个多月，也没有找到这样的工作。后来，因为机缘巧合，他进一家杂志社当起了一名实习编辑。

虽然他的文笔很优秀，但是在杂志社里他发现有好多东西需要他学习，单纯依靠自己的文笔功底根本无法开展正常的工作，因此，他放下了架子，虚心地向别人请教，赢得了别人的好感，工作能力迅速提升，刚刚过了实习期，杂志社就与他签订了正式聘用合同。

重视自己的工作，并学会从一点一滴的小事做起，集中自己的思想，处理自己手头的工作，那么，我们初涉职场的困境便会很快通过自己的辛勤劳动熬过去。接下来，我们就可以向更高层次的方向上寻求突破了。

让自己不可替代

如果你能找出更有效率、更经济的办事方法，你就提升了自己在老板心目中的地位。老板会邀请你参加公司决策会议，你将会被调升到更高的职位，因为你已成为一位不可取代的重要人物。

有这样一位父亲，他告诫每个孩子："无论未来从事何种工作，一定要全力以赴、一丝不苟。能做到这点，就不会为自己的前途担心了。世界上到处是自由散漫的人，那些善始善终者始终是供不应求的。"

许多老板多年来费尽心机地寻找能够胜任工作的人。这些老板所从事的业务并不需要出众的技巧，而是需要谨慎、朝气蓬勃与尽职尽责。他们雇请了一个又一个员工，却因为懒惰、能力不足、没有做好分内之事而频繁遭到解雇。与此同时，社会上众多失业者却在抱怨现行的法律、社会福利和命运对自己的不公。

许多人无法培养一丝不苟的工作作风，原因在于贪图享受、好逸恶劳，背离了将本职工作做得完美无缺的原则。一位努力寻求高薪终获要职的女性，她才上任短短几天，便开始高谈阔论想去“愉快地旅行”。月底，她便因玩忽职守而遭到解雇。

要让自己成为不可替代的员工除了要尽职尽责地工作以外，还要懂得适时展现自己的才能。一个人如果不懂得展示自己，那么就算他是千里马，最后也只能被埋没。我们经常看到有些人成日埋头苦干，但却得不到升迁。而有些人工作并非没日没夜，却会步步高升。其中或许会有能力的原因，但是也与一个人是否会展示自己有关。

美国钢铁大王卡内基小时候家里很穷。一天他放学回家经过一个工地，看到一个老板模样的人在那里指挥他的工人。他走上前去，问那个人自己如何做才能像他一样成为一个有钱人。那个老板模样的人回答说：“第一，要勤奋……”

“这我早知道了，那第二呢？”

“买件与众不同的衣服穿。”

卡内基不明白这是什么意思。那个人对他解释说，“我手下的这些人都穿着清一色的蓝衣服，所以我一个也不认识。而旁边那个穿着红衣服的人，因为他的衣服与众不同，所以引起了我的注意，而我也就发现了他的才能，不久就会对他加以重用。”当管理者在茫茫人海中发现你的特长和能力，并且认为不可替代时，作为员工，你就算站稳了江湖地位了。

“是金子总会发光的”这句话没错。但这句话的目的是让我们在失意时学会等待，而不是让我们去做无所谓的浪费。是的，为什么一定要等到别人发现自己的闪光点的那天，而不是自己主动去向别人展示自己那炫人的光芒呢？有时，时间就是一笔财富。

当然，展示自己的前提是你有才能，且对所做的事很有信心，坚信自己能够成功。如果你本来就没有那方面的能力却偏偏要去展示自己，那只会让自己显得更加无知，更加无能。就像猫应该展示的是捉耗子的本领，狗展示的应该是看家的本领，如果两者调换，那岂不是要贻笑大方了吗？

展示，就要展示自己的长处，自己的优点。如果你处处想出风头，自己明明不擅长，还要出来“露一手”，那就只会让明眼人笑话了。

展示，应该用一种很温和的方式，否则，就成了炫耀。我们要展示自己，但却不能炫耀，那是一种肤浅的表现。再者，展示自己时一定要注意，那就是不能贬低了别人。有些人，为了展示自己有才华，便竭力突出别人如何如何无能，那样就错了。因为，你展示自己的目的是让自己的才华得到施展，使自己的才华不至于被埋没，而不是给自己多树一些敌人，否则只会让自己的路越来越难走。因此，展示自己是有前提的，那就是不要伤到别人的自尊。

千里马常有，而伯乐不常有。如果你自认是一匹千里马，就要学会展示自己。否则，流走的是匆匆岁月，留下的，可能就是深深遗憾了。

展示但不炫耀，就像一把宝剑，可以用来防身，但却不能用来杀人一样。任何事做得过度都会适得其反，如果你锋芒毕露，势必会遭人嫉妒，甚至还会对你暗下毒手。最好的做法就是锋芒内敛，但又不失杀气。

另外，还要补充一点，那就是展示自己也要分场合。如果你周围是一群心胸坦荡之人，或者你的领导求才若渴，那你就把自己的才能大胆展示出来而不要有什么顾忌。如果你的周围总有些人喜欢搬弄是非，或者你的领导总怕下属会超过自己，以致威胁到自己的地位，那你还是收敛一些为妙。

以上几点，是一些可以让自己变得不可替代的小技巧，你可以一边探索，一边实践，一边领悟，希望能对职场中的你起到帮助作用。

不断超越自己

不断超越自己，将会使你的一生走向完满与成功。

美国通用公司前总裁杰克·韦克奇认为，“员工的成功需要一系列的奋斗，需要克服一个又一个困难，而不是一蹴而就，但是拒绝自满可以创造奇迹。所以我们要时刻准备着超越一秒钟前的自己。”

10年前的中学同学，他们的自身经历或许可以很好地说明这个问题。当年有些人受到命运之神的眷顾，进入了大学的殿堂，而有些人却没能得到命运的垂青，与大学失之交臂。而今呢，那些昔日的幸运者，有的也许仍然平平常常，固守自己的职位，数年来没有什么变化。而当初的失意者却还真的干出了名堂，有的已经成为老板，有的竟成为大明星。

年轻的彼尔斯·哈克是美国ABC晚间新闻当家主播，他虽然连大学都没有进过，但是却把事业作为他的人生课堂。最初他当了3年主播后，毅然决定辞去人人艳羡的主播职位，决定到新闻第一线去磨炼，干起记者的工作。他在美国国内报道了许多不同路线的新闻，并且成为美国电视网第一个常驻中东的特派员，后来他搬到伦敦，成为欧洲地区的特派员。经过这些历练后，他重又回到ABC主播的位置。此时，他已由一个初出茅庐的年轻小伙子成长为一名成熟稳健又广受欢迎的记者。

一个人正因为永远不满足自己的现状，拼命改变自己的命运，所以他们才能不断地有所长进。而如果自以为很幸运，很了不起，什么都不用愁了，那么就会失去进取之心，一直原地踏步，甚至被人遗忘。

美国老牌流行歌手麦当娜在这方面就感受很深。处在流行工业最前线的唱片业，10年来每年都有前仆后继的新人，以数百万张新专辑的速度抢攻唱片市场，稍不留意就被远远地抛在后面。麦当娜觉得：“年龄老不是最可怕的，心态老才是最悲哀的事。面对推陈出新的市场，不断学习和创新才能不被抛出轨道。我是个容易忧虑的人，每天都觉得自己不行了，正是由于这种忧虑才促使我不断进步。”

百货业公认的最伟大的推销员爱莫斯·巴尔斯是一个真正具有进取精神的人。直到晚年，他仍保持着敏锐的头脑，不断产生出令人惊奇的新构思。

每当别人对他取得的成就表示祝贺时，他都丝毫没有放到心里去。总是兴奋地说："你来听听我现在这个新的想法吧。"

他94岁高龄时，不幸患了绝症，当有人给他打电话表示慰问时，他却丝毫没有悲伤的情绪："嗨，我又有了一个奇妙的构想。"而仅仅两天后，他就与世长辞了。

巴尔斯真正超越了一秒前的自己，他从没有认为自己已经完成了一切，永远在向下一个目标前进，甚至在死亡面前。

埃里克·霍弗深信："在瞬息万变的世界里，唯有虚心学习的人才能掌握未来。自认为学识广博的人往往只会停滞不前，结果所具备的技能没过多久就成了不合时宜的老古董。"

"人生有涯，而知识无涯。"不管你有多能干，你曾经把工作完成得多么出色，如果你一味沉溺在对昔日表现的自满当中，"学习"便会受到阻碍。要是没有终身学习的心态，不断追寻各个领域的新知识以及不断开发自己的创造力，你终将丧失自己的生存能力。因为现在的职场对于缺乏学习意愿的员工是很无情的。正所谓"不进则退"，如果我们拒绝学习，那么转眼之间就有可能被抛在后面，被时代淘汰。

所以，不管你曾有过怎样的辉煌，你都得对职业生涯的成长不断投注心力，学习、学习、再学习，千万不要自我膨胀到目中无人的地步，要开放心胸接受智者的指点，及时了解自己亟待加强的地方，时时保持警觉，更好地发挥自己的才能，让自己的工作随时保持在巅峰状态。

一个人不满足目前的成就，积极向高峰攀登，就能使自己的潜能得到充分地发挥。比如说，原本只能挑50公斤重担的人，因为不断练习，进而突破积极限，挑起60公斤甚至70公斤的重担！不过需要注意的是，努力进取，改变自我，不能盲目冒进，否则可能会得不偿失了。

集沙才能成就高塔，进步是一点一滴不断努力得来的，希瓦·华里是个著名的野外摄影记者。有一次他独自一人到亚马孙河的密林中去拍照，结果迷了路，他唯一能做的就是根据指南针的指示，拖着沉重的步伐向密林外走，这至少有200英里，必须在八月的酷热和季风带来的暴雨的侵袭下，进行长途跋涉。

才走了一个小时，他的一只长筒靴的鞋钉扎进了一只脚，傍晚时双脚都起泡出血，范围像硬币那般大小。他能一瘸一拐地走完140英里吗？起初他以为自己做不到，但是为了在晚上找个地方休息，他别无选择，只能一英里一英里地走下去，结果怎么样？他真的超越了自己，走出了广袤的亚马孙丛林。

所以，我们要时刻进取，时刻提高自己，超越一秒钟前的自己，这样你的前景将无比光明。

超越老板的期望

在为老板分忧解难的同时“超越老板的期望”，这是一种更深层次的敬业精神的体现：一名优秀的员工，不仅要像自己的老板那样兢兢业业、尽职尽责地做好自己的本职工作，还应该经常去留意一些额外的责任，去关注一些本职工作以外的事情，一旦发现对企业有益的事情，他就要责无旁贷地去做好它。

成功者之所以能够成功，是因为他们在工作中比别人做得更多，更为彻底，他们在工作中总是能够超越老板的期望，始终都是老板眼中最优秀的员工。

然而，在实际的工作之中，却存在着很多这样的员工，他们总是认为“只要我把自己的本职工作做好就行了。”面对老板安排的额外工作， 他们总是会心生抱怨，甚至拒绝去做。这样的员工，自然不会获得升职加薪的机会，取得事业上的成功。

在柯金斯担任福特汽车公司总经理时，有一天晚上，公司里因有十分紧急的事，要发通告信给所有的营业处，所以需要全体员工协助。不料，当柯金斯安排一个做书记员的下属去帮忙套信套时，那个年轻的职员傲慢地说：“这不是我的工作，我不干！我到公司里来不是做套信封工作的。”

听了这话，柯金斯一下就愤怒了，但他仍平静地说：“既然这件事不是你分内的事，那就请你另谋高就吧！”

要想纵横职场，取得成功，除了尽心尽力做好本职工作以外，还要做一些分外的工作。这样，可以让你时刻保持斗志，在工作中不断地锻炼自己，充实自己。当然，分外的工作，也会让你拥有更多的表现机会，让你把自己的才华适时地表现出来，引起别人的注意，得到老板的认同和重视。

美国一位年轻的铁路邮递员，和其他邮递员一样，用陈旧的方法分发着信件。大部分的信件都是这些邮递员凭借不太准确的记忆拣选后发送的。因此，许多信件往往会因为记忆出现差错而无谓地耽误几天甚至几个星期。于是，这位年轻的邮递员开始寻找新办法。他发明了一种把寄往某一地点去的信件统一汇集起来的制度。就是这一件看起来很简单的事，成了他一生中意义最为深远的事情。他的图表和计划引起了上司们的广泛注意。很快，他获得了升迁的机会。五年以后，他成了铁路邮政总局的副局长，不久又被升为局长，从此踏上了通向美国电话电报公司总经理职位的路途。他的名字叫西奥多·韦尔。

做出一些人们意料之外的成绩来，尤其留神一些额外的责任，关注一些本职工作之外的事——这就是韦尔获得成功的原因。

卡洛·道尼斯先生最初替汽车制造商杜兰特工作时，只是担任很低微的职务。但他现在已是杜兰特先生的左右手，而且是杜兰特手下一家汽车经销公司的总裁。他之所以能够在很短的时间升到这么高的职位，也正是因为他提供了远远超出他所获得的报酬的服务。

当他刚去杜兰特先生的公司上班时，他就注意到，当所有的人每天下班回家后，杜兰特先生仍然在办公室内待到很晚。因此，他每天在下班后也继续留在办公室看资料。没有人请他留下来，但他认为，应该留下来，以便随时为杜兰特先生提供协助。

从那以后，杜兰特在需要人帮忙时，总是发现道尼斯就在他身旁。于是他养成随时随地招呼道尼斯的习惯；因为道尼斯自动地留在办公室，使他随时可以找到他。道尼斯这样做，获得了报酬吗？当然，他获得了一个最好的机会，获得了某个人的信赖，而这个人就是公司的老板，有提升他的绝对权力。

作为一名员工，不应该抱有“我必须为老板做什么”的想法，而应该多想想“我能为老板做些什么？”

一般人认为，忠诚可靠、尽职尽责完成分配的任务就可以了，但这还远远不够，尤其是对于那些刚刚踏进社会的年轻人来说更是如此。要想取得成功，必须做得更多更好。正如著名的企业家彭尼所说：“除非你在工作中超过一般人的平均水平，否则你便不具备在高层工作的能力。”成功者除了做好本职工作以外，还需要做一些分外的、不同寻常的事情来培养自己的能力，引起人们的关注。当你在工作中坚持做得比别人更多更彻底，而不是一味地逃避责任，为了薪水而工作时，你就会发现自己在老板的眼中显得越来越重要，而且，这样做对你能力的提升也是很有帮助的。

做公司的核心员工

我们要知道如何成为企业核心员工之前，首先就要知道什么是核心员工。

对于核心员工的界定，一种是以业务为主企业的界定标准：核心员工是指那些终日与顾客直接面对面地打交道或通过电话与客户进行各种业务洽谈，可以说是企业的形象代言人的这一群人，当然也包括那些从事着与企业的生死存亡息息相关的核心业务（技术）人员。

另一种是适用于综合型企业的界定标准：企业的核心员工是企业中那20％～30%的人，他们之中占了企业80％～90％的技术和管理，创造了企业80％的利润，他们是企业的核心和代表，是企业的灵魂和骨干。

所以说，如果是您所在的企业是一家以业务性质为主导的企业，那么您在销售队伍里就已经有了成为核心员工的资本了，接下来要做的事情就是把自己的业绩提升上来就是可以了，在这类型的企业里，业绩永远是“最牛”的筹码。

在综合型企业或是企业的业务性质不是那么浓重的企业里，要成为核心员工就是努力往上“爬”，让自己成为企业中那20%的人。那么这部分员工在企业老板心中是怎样一个形象呢？他们觉得这部分员工一般都是知识型的员工，与普通员工相比，他们具有极其鲜明的个性特点，他们往往把事业看得很重，比较理性，追求成就感，有很强的责任感，拥有相对独立的价值观。

可见企业的核心员工，业绩肯定是傲人的，技术肯定是过硬的。因而要成为企业的核心员工的硬件，概括来讲就是要对这家企业有贡献而且还是比较大的贡献。这是成为核心员工的首要条件。

要想成为企业不可缺少的核心员工，我们必须具备以下几种素质：

1. 对企业充满爱心

要成为核心员工，请先爱自己所在的企业，不爱自己所在的企业就好比不爱自己的家庭一样，它的温馨、它的可爱你就永远无法发现。现在企业里同事之间就是缺少了爱，对谁都是一副戒备森严的样子，不肯帮助别人，不愿意虚心请教别人，一副高高在上的样子。当你漠视企业的时候，企业也很快就会遗弃你。所以，从你踏进企业的第一天起，请珍视它，爱护它，请善待你的同事。

2. 对自己的言行负责任

经常会听到有人在公司里讲“没关系，出了事我负责”。对于一个员工来讲，对言行负责意味着老板可以很放心地把工作交给他。那些核心员工们，他们不会随随便便说些东家的长、西家的短，不会随便说老板怎样怎样，不会轻易承诺些什么。负责不意味着要包揽所有的事情承担所有的责任，负责只是要你慎言行及对自己的言行所产生的后果有足够的能力来控制。所以说“出了事我负责”这种言论恰恰就是一种不负责任的表现，这跟平白说瞎话没有什么分别。

3. 核心员工善于控制自己的心态

一个人不可能什么时候都很积极开朗、上进，我们都知道在工作中总有那么一些时间是比较怠慢的、懒散的或者说是比较消极的，产生这些心态的原因可能是因为工作的压力增加了，工作的方案不一定所有人都支持你，可能有人会反对，甚至反对得很激烈，这时候你要知道去控制自己可能会产生的反面的心态了，比如说：“烦死了，不干了行不行”“这些人怎么就老跟我作对！”“这样做下去有什么意思？”凡此种种都是反面的心态，都不利于自己在企业里的成长，更谈不上做核心员工了。尽管这些情绪的滋生是不可避免的，但是我们要尽量引导自己理性地处理这些事情。

4. 核心员工非常善于沟通

我们都知道沟通是很重要的，到底怎样才能算是沟通，怎样的沟通才算是有效果呢？很多人认为沟通吗，就是把自己的想法告诉别人，不要憋在心里面。这只是想对了一半，这是沟通的初衷而不是沟通的本质。

在沟通的时候，我们并不是说得多就是好事，请记住“会说是艺术，会听是修养。”通常被大家认为善解人意的人都不是很会说话的人，他（她）们往往是懂得聆听别人讲话的人，是有耐心听别人把话讲完的人。

要做到会沟通就要注意四个关键的因素：接触、对位、换位、持续；

接触：对你要沟通的对象要有所了解，对你将要沟通的内容要有所接触；

对位：了解对方的立场、需求等；

换位：感同身受，感知对方的接受尺度等。

持续：沟通不是偶然的谈话或帮助得来的，沟通是在一次又一次地谈话、了解、帮助中建立起来的。有时候我们会听到一些人讲“上次不是跟他沟通过了吗？怎么还是做不好，有没有搞错。”这是沟通的误区，以为一次沟通的成功就可以安寝无忧，那是不可能的，沟通是需要长久地坚持。就算对方是坚冰，只有你一次又一次地坚持，总会使冰封融化的。

5. 核心员工要有共赢的意识和作为

知识经济时代，企业的核心员工不再是一本经书念到老，一个饭碗捧到老。作为企业的员工尤其是核心员工，要具备一种与企业“共赢”的思想，建立一种共赢的关系：我尊重你，你信任我，我们共同创造价值，企业的成功有我的付出，我的发展有企业做后盾。有这样一种思想观念才能真正成为一家企业的核心员工。一家企业里有成就的员工不一定就是核心的员工，有成就只是具备了核心员工的硬件条件。现在有能力的员工常常会跳槽，从这家跳到那家，整天做“空降兵”，这也不见得是企业核心员工应该有的行为。

树立自己在领导心中的位置

在职场上，你与上司之间的关系怎么样，直接决定了你在这个公司的发展空间。应该说，上司是你职业生涯规划发展的第一影响者。如果你与上司的关系不好，那么，基本上也就意味着你在这个公司的职业生涯已经结束。取得上司的信任，让自己成为上司的左膀右臂，成为上司最信任的人，会让你的职场发展得更快一步。那么我们怎样做才能征服上司，站稳脚跟，快速树立在上司心中的位置呢？

1. 尽职尽责工作，主动替上司分担重担

作为领导每天都为了工作而忙碌不休，深感责任重大。所以，当他们发现无法顺利进行工作，而又肩膀僵硬、眼睛发花、白发渐多时，便感到愕然。甚至有人担心自己会演变成神经症而感到不安。而且，他们很想摆脱这种环境，经常都在寻找能让他放心委托工作的部下。如果有谁是只要告诉他要点，就能很顺利地去处理工作的下属，上司派他工作，心里不知要轻松多少。但实际上，这种下属也并不容易找到。大多数都是稍微批评两句就不高兴，并说出一大堆理由来反驳的人。于是，上司难免失望。

所以，当部下真正了解了上司的这种期望时，能肩起上司所负的重担，上司一定会惊喜地说："不要太勉强，这个箱子对你来说太重了吧。别跌倒了！你真是个好帮手！"等等。希望大家能努力试试看。

2. 做一个能干的员工，让工作效率证明自己

企业界是个最讲求效率的世界。如果你做事慢慢吞吞，经常无法提高效率，那么，无论你心地是如何善良，或工作态度如何认真，上司也不会看重你。一旦被人认定是慢吞吞、懒惰虫、萎靡不振、好好先生、只会说恭维奉承话、爱发牢骚的人，就很难翻身了。如果你对上司委托你办的事，能够顺利完成，然后你再问上司，"还要我做什么？"这样一个接一个地自己找事做，相信上司一定会佩服你。

3. 主动为公司提案，不要计较是否被采用

对公司提出意见、建议，是一个职员应有的责任。虽然自己提出的好建议自认为对公司颇有帮助，却也不一定会被采用。此时此刻，你应该予以体谅，"公司有公司的眼光，公司有公司的立场，还是慢慢来吧！"要有这样良好的心态才行。虽然你的提案被否决，然而你却获得了上司的好感，这样对你的将来不是十分有利吗？公司方

面也许会期待着你下次的提案。上司会认为，你是个能提出好建议的职员，而且认为，你是个不论成败，都能保持心情舒畅的乐天派。这样，以后你还有许多提出建议的机会，同时推销自己的机会也绝不会少。

4．不要不懂装懂，遇事多和上司商量

你是不是常常向上司询问有关工作上的事？或者是自己的问题，有没有跟他一起商量？如果没有，从今天起，你就应该改变方针，尽量地发问。一个未成熟的部下，向成熟的上司请教，这并不可耻，而且是理所当然。千万不要想："我这样问，对方会不会笑我？我是不是丢了脸？"如果你这样想，那就太多虑了。有心的上司，都很希望他的部下来询问。部下来询问，就表示他在工作上有不明了之处，而上司能够回答，才能减少错误，上司也才能够放心。

如果你假装什么都懂，一切事都不想问，上司会觉得："这个人恐怕不会是真懂"而感到担心。有时，他也会把你叫来确认一下。当上司还没把你叫到跟前，你先自动去问："关于某件事，某个地方我不太清楚"或者"这点是不是可以这样解释？"或者'这件事依我看不这样做比较好，不知部长高见如何？"等等。总之要毫不隐讳地去问清楚。

说到"商量"，很多人都会联想到自已的事情。假使你有迷惑不解的事，苦恼的事。应该尽量向上司提出，同他商量。除了金钱以外，任何事都可以提出，诸如工作上的难题，家中的困扰，男女感情的苦恼，都可以跟上司商量。你的顶头上司，必定很喜欢能敞开心胸，有事能和自己商量的部下。

征服上司的一个好办法，就是尽量接近上司，造成相互之间能彼此理解的关系。尽量设法让上司处处关心自己，要以行动表现出“我什么事都依靠你”的心态，上司自然会对你的事情格外留心。上司因为你把他看作可靠的人而感到满足，而会想到要使自己成为更可靠的人。让上司依照你的想法而行动，这是征服上司的要诀。但是，千万不要要计谋，要以真心诚意去对待他。否则，即使你依赖他，事情仍不能顺利完成，你也不要怨他、发牢骚。只有这样，你才是真正能够操纵上司的人。

5. 和上司保持适当的距离

上司的地位和你有相当的差别，如果年龄差距又大，当然他就会彻底地把你当作小辈看待，同时你也会觉得上司不易亲近。然而，如果上司的年龄和你差不多，并且又是独身，那么，你就会很容易产生轻视他的心理。更重要的是，这种心理很容易被上司敏感地察觉。因此，你必须注意。当一切都很顺利时，这种心理还不至于产生恶果，万一双方有摩擦发生，那就很可怕了。上司会认为：“这个家伙，在我面前竟敢如此自大，真是太无理了。”

所以，假定你的上司是独身，并且年龄比你大不了多少，你仍然该尊重他是上司，同时经常保持相当的距离。千万不要因为过于亲密而太随便，或者轻视他。否则，你的上司一定会认为你是公私不明的人，或把你当作不成熟的人看待。

6. 认真做好本职工作，不必献媚

部下不听从命令，使得工作不能按时完成，是最使上司恼火的事。大部分的上司，因为责任重，工作量大，常常累得喘不过气来。

因此，他很希望自己的部下能分担一部分工作，并且你的工作也是根据你的能力派定的。如果部下不能按照命令，即不能按照他所期待的结果去做事，完成他所分配的工作，则必有意外发生。同时他们也会在心里盘算，当部下完成这项工作后，要再分派些什么工作，这样一步一步地计划下去。

可是，部下一旦不能按照自己的命令去执行工作，而破坏了他好不容易才订出的计划。这样，不仅上司对自己应负的责任无法交代，甚至还要付出更大的代价。结果，由于部下的不认真，使得上司陷入困境。这时，他当然会发怒。所以，我们与其献媚上司，不如认真彻底地做好分配到自己名下的工作，这就是让上司最高兴的事。

7. 多“施”勿“受”，帮助上司应不图报答

不管是什么情况，要“先施后受”，这虽然很难做到，但我们不应将帮助别人的事牢记在心里，最好把它忘掉。如果常常将它挂在嘴边，“那时候我曾帮助股长，……”股长也会觉得不高兴。如此一来，你对他的帮助，就会化为过眼烟云。为别人所做的好事，如果能被其他人知道了固然好。但是，我们总的来说不应该要求这样，只要获得良心上的满足就行了。为了上司能顺利完成任务，自己主动地去帮助他，千万不能要求回报，或要求对方酬谢。否则，自己所做的一切努力都会变成零。

还有一点很重要：即千万不要凌驾于上司之上。头脑好的人，总想出风头，这种人往往会导致上司的反感，对他敬而远之。

8. 细心观察，在上司情感最脆弱的时候去安慰他

上司的脸，会因遭遇到不幸或霉运而改变。万一某事失败了，他

们心中的悲哀，远远不是你这个身为部下的人所能够想象的。由此可知，当上司的人，在表面上看来似乎很荣耀。事实上，他们却都是站在严峻的地位，努力地奋斗着。工作上的事完成以外，在家庭中，他们也肩负着很重的责任。

如果他身体健康，精力充沛，在工作上也很得心应手，公司里的人都认为他很有前途，可是有一天，他突然显露出悲哀，那么一定是家中发生了问题。他虽不说出来，一直努力抑制，可是，自然而然地会在脸上流露出苦恼的表情。你对这种微妙的脸色和表情的变化，不能不予以注意。

9. 不要逃避，设法帮上司渡过难关

上司的脸色，如果因苦恼而改变时，大概就是他的工作不顺利的时候吧！当一个人在拼命工作、胡思乱想，而工作却不能顺利完成时，总是会忧郁的。上司会因为部下没完成任务而苦恼，也会因自己肩负的责任的重压，而一直消瘦下去。

然而，大多数的部下，这时都表现出对上司的逃避态度，避免看他的苦脸。有些人甚至认为这与自己无关，而全然漠视。当然，这种人心情比较轻松，不逃避，也不表示关心。想由正面设法替上司解决苦恼的人，必须具有勇气。除非是心地善良的人，否则就做不到。所以，有这种想法的人，具有相当了不起的素质。

如果你是这样的人，你一定会把上司因苦恼而扭曲的“鬼脸”设法变成人的脸吧！为什么上司的工作不顺利呢？自己是不是可以替他办到？能不能帮他的忙？积极地去接触上司，对他说：“请让我来帮助你”，像为自己的亲人做事一样地为他努力。

不管事情的大小，一旦你的上司陷于苦恼中，对主动提议帮助他的你说："谢谢，那么这件事我就拜托你了。"而你也回答："好的，让我试试看！"而接受下来。这时，我相信你的上司一定会非常感谢你。

10. 保持冷静，当上司指责你时能够自我反省

不管是当任何人的下属，如果挨骂，或受到警告、指责缺点时，大家心里都会不痛快。所以，如果有人当面斥责你，你就会生气，认为"不必你说我也知道，"并且怒气冲天，脸红脖子粗，这也难怪。如果这时你不去压抑怒火，而冲动行事，事后你一定会后悔。所以，当你想要发怒时，最好在心中默念："等一等！"这句"等一等"，就是要你忍耐的意思。有人建议，这时最好把火柴棒放在手上和裤袋中，一支一支地把它折断，就可以抑制怒火。这是一种气氛转换法。当你将挨骂时，或正在挨骂时，不妨使用这类方法，可以平息怒气。

较为积极的人，可能被骂之后就没事了，但是消极的人，一旦因被斥责而感到屈辱，不但不会发脾气，反而会产生"唉，我真不行"的想法而灰心。无论是强者或是弱者，自己的心情不能被别人的斥责所扰乱，而应当保持弹性，经常保持冷静，挨骂时只要低头认错就好。

上司被下属反驳是件难堪的事，然而下属被上司斥责则是理所当然的事。既然上司已经斥责了，还是干干脆脆地道歉吧！这才是下属应有的可爱态度。别人指责你的缺点和错误时能够自我反省的人，才能提升自己的人格，同时也是个有内涵的人。所以，挨骂反而能促使你进步。

增强各方面的素质修养

想要在公司受到大家关注，得到老板的提拔和重用，仅仅埋头苦干是不够的。我们还要注意提高自己各方面的素质修养，这样才能成为职场红人，成为老板面前的宠儿!

1．外表职业化

人要衣装。千万不要忽视外表的力量，这在经济学上是最节省成本、最行之有效的一种判断方式，在社会学上更有其非遵循不悖的苦衷。没有令人足够信服的外表，又如何吸引别人探究你的能力呢？如果你是老板，会放心把一个拥有8位数预算的大客户交给一个衣服总是皱巴巴的下属打理吗？

2. 给人以专注的印象

如果你每天上下班夹个公文包来，那一定能让老板或同事们认为你专注于工作，也许你的包一到办公室就被扔到一边。或许你的公文包每天仅仅出现在你去吃午餐的时候，但那些已经不重要了，因为你的信息已经被传达到了。

3. 不随便闲谈

记住办公室闲谈都是终结你的职业生涯的致命武器，让人觉得你很聪明最好的办法就是知道什么时候该闭嘴，什么时候开口。参与讨论当然是个好事，但如果你总是在说些过时、被提过的东西或者一些不着边的东西时，那你就应该什么都不说，立即闭嘴。无论何时，都不要对别人大声说话，保持一定的风度对你没有坏处的。

4. 精神饱满地工作

站的直、坐的正，可以让你看上去一直是精神饱满的、充满自信的。你当然肯定也不希望同事或老板看到你整天无精打采地缩在自己电脑前吧，除非你昨天熬了一夜要完成一个报告。

5. 加强时间观念

没有人希望等待别人，你也不希望。务必要准时，这样才能让人觉得你是一个可以信赖的人。

6. 主动推销自己

公司里通常有这三类人。第一类，只肯做不愿说；第二类，不肯做只会说；第三类，既肯做又能说。有了数年的职场阅历，哪一类最得老板欢心，没有人不清楚吧？那为什么还要固执地等待老板放下身段，来殷殷垂询你的精辟见解，或者光辉业绩呢？该“秀”的时候一定不要客气，而且要“秀”得精彩。

7. 干净利落

让你的办公桌时刻保持清洁，文件都放在抽屉内，样样东西都井井有条。这样你的老板一定会认为你在其他方面同样是有条有理的，那么他把事情交给你就放心多了。

8. 公私分明

职场红人的重要标志就是公私分明，这意味着在工作时就是工作，千万不要在上班时间为和女朋友晚上看什么电影煲半天电话粥，或和同事们讨论下班后一起到外面去潇洒！

9. 学着做个好领导

如果你想让大家信服，必须花心思去了解公司大大小小的一些事务，我当然不是说你要把最后一分钟都排得干干净净，但是，你应该让同事和属下相信你是在控制一切，对公司的一切都了解，他们会因此对你尊敬。而且你的上司也会对你留下好印象。

不要害怕在必要的时候做领导者，因为那并不是坏事。比如一个员工退休了，组织一个告别派对；有同事被提升，开个祝贺会。自告奋勇，别人马上会喜欢上你。

10. 做上司永远的“救生圈”

机会总是留给准备好的人。意外情况总是在最没有防备的时候发生，在大多数人都无所适从的时候，那个挺身而出、化险为夷的关键人物必然能赢得老板欢心。员工要做到其实并不困难，只需处处留心、时时在意即可。

11. 打开话匣子

制造亲近机会。因为下属太过敬畏以至于跟老板有沟通的心理障碍，畏惧权威的结果，老板只好独来独往，其实在大多数情况下，他都不愿意扮演这样的角色。老板们也是血肉之躯，不希望别人拿他当外星人。主动抓住与老板相遇的机会，比如电梯、餐厅、走道等，轻松面对，便会渐入佳境。上司、同事会对你刮目相看，在老板眼中你自然也会比其他躲得远远的人亲近许多。

12. 尊重公司文化和制度

这条规则无论你在什么地方上班都必须遵守。以公司文化、公司制度办事才能让同事和领导信服和认可，才能在众多同事中脱颖而出，成为老板的宠儿。